竹中平蔵

日本経済に追い風が吹

GS
幻冬舎新書
764

JN223916

まえがき

2024(令和6)年、MIT(マサチューセッツ工科大学)のアセモグル教授らがノーベル経済学賞を受賞した。彼は、いわゆる制度学派の論客として知られている。例えば朝鮮半島を見ると、南と北で同じ言葉を話す同じ民族が住んでいるのに、所得格差が数十倍もあるのはなぜか……それは制度が違うから……。

アメリカのアリゾナ州南部のレガノスは、メキシコのレガノスと国境を接している。19世紀に、アメリカが大陸横断鉄道のための土地を得るためにメキシコから地域を購入したことによって、レガノスが分断された。その分断されたレガノスでは、南北で所得格差が3倍以上もある。これも、経済社会の制度が違うからだ。

具体的にアセモグル教授は、社会の誰もが利益機会に参加でき、また政治に参加できる「包括的な制度」が重要だと指摘する。

制度の改革は常に必要だが、とりわけ現在の日本にはこうした考えが必要だ。なぜなら、今日本経済にはささやかな「追い風」が吹いており、経済を活性化させるチャンスを迎えているからだ。そしてそのためには、小手先の対症療法ではない、きちんとした制度の改革が必要だからである。

アメリカと中国の決定的な対立、ウクライナや中東の戦争など、これまでの自由な経済秩序（Liberal World Order）が大きく揺らいでいる。こうした中、従来のグローバル化でつくられたサプライチェーンの根本的な見直しが求められるようになった。その象徴は、半導体産業だ。

かつては日本の半導体産業をたたいたアメリカが、今や日本が台湾・韓国などとともに、中国に対抗できる新しいサプライチェーンをつくるよう求めている。また世界が、自由な資本主義、覇権主義、グローバルサウスなどと多極化（Multipolar System）する中で、いずれの極ともかかわれる日本という国の存在感が増しているのだ。

しかしその日本は、失われた30年という停滞感の中で、難しい問題に直面している。

制度を改革することは必要であるが、こうした変革は民主主義の政治プロセスを経て初めて可能になる。しかしこの政治プロセスは実に複雑であり、一部のワイドショーのコメンテーターが言うような単純なものではない。

政治と政策、政策と経済の関係を十分理解したうえで、制度改革によって日本経済に吹く追い風を活かさなければならない。逆に今の追い風を活かさなければ、その先の日本経済は極めて厳しい状況に直面するだろう。

この本では、そうした問題意識に立って、政策を決める政治の仕組みを考えながら、具体的な制度改革、日本経済の活性化を議論している。例えば政治資金に関する問題は喫緊の課題だが、単に政治家を批判し政治資金の一部制限をするだけでは解決しない。そもそも日本には、政党のガバナンスを決める根幹の法律（いわば「政党法」）が存在しない点に注目すべきだ。

高齢化の中で社会保障をめぐる問題は深刻だ。しかし一部歳出削減を議論するだけでなく、国税庁と年金機構を統合し「デジタル歳入庁」をつくり、真の意味での税と社会保障の改革を進めることが必要だ。

労働力不足も深刻だが、今のように出入国管理法で対処するだけではなく、真の意味での外国人労働法（いわば「移民法」）がないことこそ議論されるべきだ。こうした問題意識の下で、日本経済を語る必要がある。政治、政策、制度、経済の有機的なつながりを見なければならない。

本書は、大きく第1部と第2部に分かれる。第1部「日本経済の追い風を活かせ」は4つの章からなるが、日本にどのような追い風が吹いているのか、そして自らの潜在力を活かすための方策と課題を議論する。伝えたいメッセージの大筋は以下の通りである。

・世界経済に逆風が吹く中で、日本にはささやかな追い風が吹いている。
・それを活かすには小手先の対応策ではなく、根本的な制度改革が必要だ。しかしそれを阻《はば》む壁もまた大きい。
・日本の勝ち筋として、遅れているデジタル化の抜本強化、富裕層ビジネス、日本のキラーコンテンツである東京をさらに強くする、といった点が考えられる。そのためにも20年ぶりの本格的行政改革など、制度・規制改革の具体策を提言している。

第2部「政治が政策を変え、経済が変わる」では、経済と制度・政策を変えるための政治の役割に注目する。民主主義社会における政策決定の仕組みは、実のところ一般の認識以上に極めて込み入っているからだ。４つの章を通して伝えたいのは、以下のような点だ。

・経済を良くするには制度・政策を整える必要があるが、そのためには政治と政策決定の仕組みを十分理解する必要がある。
・日本の政策が不十分であった背景として、政治の混乱があった。そのような政治と経済の有機的な関連を理解しなければならない。
・その意味で、バブル崩壊後の政治経済の具体的な流れを再検討することは、極めて重要である。

本書の出版にあたっては、執筆・取りまとめに多大なご尽力を頂いた堀岡治夫さんに心から感謝申し上げる。また校正の段階で、㈱SHAIFの祖父江麻世さんに大変お世話になり、深く御礼を申し上げたい。そして編集者の木田明理さんには、企画から出版に至るまで全面的にお世話になったことに感謝申し上げる。こうした方々のお力がなければ、本書は出版に至らなかったであろう。

ビッグデータ、AIに象徴される第4次産業革命が、世界の構造に激動をもたらしている。とりわけ生成AIの登場とその凄まじい進化は、目を見張るものがある。こうした中、日本の制度・政策も大きく変化しなければならない。そして、その制度・政策をつくる根幹に政治がある。

本書が読者の皆さんの、日本経済を考える上で何がしかの参考となれば幸甚である。

２０２５年４月

竹中平蔵

日本経済に追い風が吹く／目次

まえがき　3

第一部　日本経済の追い風を活かせ　25

第一章　日本経済　追い風の3つの源　26

新型コロナ禍で世界は大きく変わった　27
日本は「スリーピング・ビューティ」なのか？　27
中国・武漢発の「原因不明のウイルス性肺炎」　29
新型コロナ禍は世界を大きく変えた　30
いつまで「失われた30年」を引きずるのか？　31

デジタル化のポテンシャル――追い風①　32
遅れをとる日本のデジタル競争力　32
高評価と低評価が明確に分かれている　33
「IT戦略会議」が設置される　34
5年以内に世界最先端のIT国家になる　36
気がつくと日本のデジタル化は世界31位まで後退　37

第4次産業革命――AIの時代へ　38

日本のネットワークの幕開け　38
阪神・淡路大震災とテレビ報道　39
「インターネット」は1995年の流行語大賞　40
「スマホ」という名の小さなパソコンの普及　42
今や、AIから生成AIの時代に　43
キャッシュレス化はインドに学ぶ　44
キャッシュは受け取る側が不便　44
キャッシュレス化とフィナンシャル・インクルージョン　45
インド版DXの土台は「アーダール」　46
統合決済インターフェース・UPI　47
ようやく進み始めた日本のキャッシュレス化　48
2025年までにキャッシュレス決済比率40%　48
パーソナル・ヘルス・レコード　50
PHRとマイナ保険証　51
マイナンバーとキャッシュレスが結びつくメリット　52
円安——追い風②　54
円安のメリットをどう使うか　54

「円安」で喜ぶ外国人旅行客・困る日本人旅行客 56
為替レートは3つの要因で決まる 57
米中摩擦による「半導体」――追い風③ 59
日本企業の国内回帰始まる 59
リスクマネーと大金持ち 60
高額な日本の相続税がボトルネック 61
日本の半導体産業の栄枯盛衰 63
経営破綻したエルピーダメモリ 64
TSMCは九州・熊本第一工場を建設 65
「ラピダス」は北海道に進出 66
「2ナノラピダス」という超高度半導体 67
自由貿易のタガが外れた 68
「補助金戦争」の時代になった 70
「何でもあり」の世界になった 71

第二章 追い風を遮る3つの壁 72

日本人の「働き方」は変われるか――壁① 73

テレワーク――日本とアメリカの決定的な違い 73
日本のサラリーマンは会社と家庭の板挟み 74
会社が考える「理想的な出社率」は？ 76
メンバーシップ型雇用か、ジョブ型雇用か 77
ハイブリッド勤務で生産性は上昇する 78

国からの「補助金」頼み――壁② 79
日本企業のIoT・AI活用率は低い 79
中小企業の生産性を10％上昇させると…… 81
補助金が地方中小企業を「ゾンビ化」させている 82
企業と人の移動で経済は活性化する 84

生産性を下げている「農地法・農協法」――壁③ 85
農業と国家戦略特区 85
なぜ農地の売買が困難なのか 87
コメ不足は減反政策の弊害 88
未来がある農業にするために必要なこと 90
農協依存販売から生産履歴付きの農産物へ 91
住専問題での公的資金投入は間違っていた 92

決済システムを守るために行う公的資金注入 94
族議員というやっかいな存在 95

第三章 日本再生への3つの羅針盤 97

デジタル化を活用したビジネス――羅針盤① 98
ＪＲ九州と中国アリババグループとの戦略的提携 98
博多港にクルーズ船で訪れる中国人観光客 99
豪華寝台列車「ななつ星in九州」とアリペイ 100
「関空へはラピートが、はるかに便利」 101
最新テクノロジーとデータプライバシー 102
プラットフォームは「ウイナー・テイク・オール」の世界 103
プラットフォームの上で新しいビジネスをつくっていく 105
ＤＦＦＴ――信頼性のある自由なデータ流通 106

富裕層ビジネス――羅針盤② 107
ヤンキースタジアムの「レジェンドスイート」は１０００ドル超 107
温泉につかりながらプロ野球観戦はいかが？ 109
名古屋「ＩＧアリーナ」とネーミングライツ 110

南房総市の会員制サーキットは完売 111
キャピタルオーナーシップとウインブルドン現象 113
東京をさらに元気にする――羅針盤③ 115
クレーンが立ち並ぶ大都市・東京 115
臨海副都心開発と「世界都市博」 116
1995年、「世界都市博覧会」は中止された 117
高層ビルが林立するだけの再開発も行われた 118
ミッドタウン・六本木ヒルズ・麻布台ヒルズ 119
東京再開発、ゾーンでの競争 120
世界都市ランキング第3位の東京 122
都市はイノベーションを生み出す場 123
政府直轄の「東京DC」の提案 124

第四章 経済の追い風と制度改革4つの提案 126

提案1 デジタル歳入庁の創設 127
提案2 政党法の制定という制度改革 128
提案3 本格的行政改革の断行 130

提案4 「中期骨太方針」をつくろう 131

第二部 政治が政策を変え、経済が変わる 135

第五章 潜在力とチャンスをどう活かすか 136

日本の制度に残る根深い欠陥 137
現状の厳しさに目を向ける 137
まず、横並び意識を変えてみる 138
「金銭解雇」アレルギー 140
派遣労働者が増えて所得格差が拡大した? 141
メディアに乗っ取られたジャーナリズム 142
権力からも大衆からも距離をおく 142
政治家はメディアに過剰反応する 144
日本には民主主義を守る役所がない 145
自民党政治と政策決定にいたるまで 147
今日ツルシがおりた。シメソウは2週間後 147

暗黙のルールが支配する政治 149
自民党総裁が、内閣総理大臣になるという仕組み 150
政党のトップ・総裁と総理大臣が別々なのは? 152
超然内閣制と議院内閣制 153
閣議決定と総務会での事前承認 155
郵政民営化のとき、例外が1度だけあった 156
親分肌の政治家たち 158
「竹中さん、あんたは何様のつもりだ」 158
「俺がいいと言っているからいいじゃないか」 159
「3人で話を聞いたということは、案を通すということだ」 160
政治家は演技をしてはいけない 162

第六章　民主主義と政策決定プロセスと行政改革 164

経済と政治の大混乱 165
政治主導を目指した橋本行革 165
プラザ合意とバブル経済 166

バブル崩壊と不良債権 168
不良債権と過剰債務で経済は停滞 169
金丸事件と公的資金導入 170
内閣不信任決議案可決から非自民・非共産連立政権誕生へ 172
新進党結成から民主党結成へ 173
村山政権下で「小選挙区比例代表並立制」が確定 175
新進党の成立と村山政権の終焉 176
公共投資の拡大と日米摩擦 178
政治改革に忙しく、バブル崩壊の手当てができなかった 178
アメリカの対日貿易赤字と日本たたき 180
10年間で630兆円の公共投資を約束 182
10年間でホールが1000館建設された 183
橋本内閣成立の経緯 184
民間人を導入した橋本行革の貢献 185
20年ごとに行われた行政改革 185
行政改革推進本部設置と橋本行革会議 187
中央省庁再編で1府12省に 188

民間の知恵を入れる 190
アメリカの政治任用者と日本の民間人の違い 191
役人の天下り先としての社外取締役 192
官僚依存政治と日本経済の明暗 193
「省庁設置法」が縦割り行政を保障している 193
官僚主導では政策が利権になる 195
官僚の目的関数は影響力の最大化 196
橋本行革から20年以上経過した 197
複雑なプロセスを飛び越す技 198

第七章 政治主導は成功したのか？ 200

総理主導の経済財政諮問会議 201
昆虫学者が昆虫になった 201
橋本内閣から小渕内閣へ 202
「経済戦略会議」を設置 203
答申「日本経済再生への戦略」とは 205
日銀総裁は民間人枠 206

既得権益にとらわれない政策 208
骨太方針の大きな意義 209
「骨抜き」の「骨太」から「骨太方針」へ 209
経済政策と財政を一体化する 210
「骨太方針」の3つのポイント 211
会議では事前の根回しを行わなかった 212
経済見通しの年央改定と予算編成 214
自民党総務会・財務省の反応と対応 216
政治のパラドックスと第1次安倍政権 218
小泉改革を加速させる 218
クリック・サイクルという慢性病と短命内閣 219
政権の短期長期――政治のパラドックス 220
消えた年金記録問題が明るみに 221
農林水産大臣の自殺と絆創膏スキャンダル 222
戦後の歴代総理の在任期間 223
大きな課題を掲げた中曽根長期政権 224
公務員制度改革と観光立国 225

各省の局長クラスはすべて総理官邸が指名 225
官僚は与党にも野党にも中立であるべき 226
「政・官の接触禁止」は削除された 228
「ポリティカル・アポインティー」と「リボルビング・ドア」 229
社員が社長を忖度するのは当たり前のこと 230
官僚が必要以上の力を発揮しないようにするために 231
福田内閣と観光立国基本法 232
インバウンドは3000万人を超えた 233
麻生内閣とリーマン・ショック 235
「次、私やな。総理大臣、誰でもできるで」 237

第八章 日銀の金融政策とアベノミクスの功罪 238

民主党政権の誕生から終焉へ 239
政権交代解散と民主党政権の誕生 239
よくできていた民主党のマニフェスト 240
マニフェストは死語になってしまった 241
期待外れに終わった民主党政権 242

政権崩壊の最人の原因は、政治主導の意味のはき違え 244
民主党の失敗――引き継げる政策はうまく承継すればよい 245
民主党政権の空港コンセッション 246
関空黒字化は第2次安倍政権下で実現 248
民主党は政権を担う経験がなかった 249
民主党政権下の円高と企業の海外移転 250
1ドル75円32銭の戦後最高値を記録 250
無策のまま円高は放置された 252
日銀の「庭先掃除論」に帰結 253
円高の結果「失われた30年」 254
日本銀行5つの失敗と政治の迷走 256
4兆円出して、4兆円引っ込める 256
ゼロ金利解除と量的緩和解除 257
1997年の日本銀行法改正 258
日銀政策委員会の構成 260
政策手段の独立性と政策目標の独立性 261
金融政策に必要な専門性と即効性 263

「政府・日銀アコード」とアベノミクスの功罪 264
はしごを外された黒田総裁 264
「ブレーク・イーブン・インフレ率」はプラスに 266
モリカケ問題で成長戦略も失速 267
日銀政策委員会メンバーは、「国会同意人事」 270
政治家に金融を理解することは無理だ 270
郵政民営化の実行で学んだこと 272
「政治はあまりにも重要だから、政治家だけに任せてはおけない」 272
あなたは最初で最後の公社総裁 274
大きな政策には細かい反対が必ず出る 276
政治とは、基本で間違わないこと 277
2005年の道路公団民営化の教訓 278
デジタル・AIと「新・政策新人類」 280
あとがき 283

構成　堀岡治男
編集協力　木田明理(Coral)
図版・DTP　美創

第一部

日本経済の追い風を活かせ

第一章 日本経済 追い風の3つの源

世界経済に逆風が吹く中、日本経済にはささやかな追い風が吹いている……。それを活かすような制度・政策が求められている。そしてその政策は、政治の動きとコインの両面のような関係にある。本書はそうした認識を背景に書かれている。

それではより具体的に、今の日本経済にどのような追い風が吹いているのか、その背景は何なのか。この章では、追い風として「デジタル化の可能性」「円安の中のチャンス」「サプライチェーン見直し」という3つの視点を取りあげる。

新型コロナ禍で世界は大きく変わった

日本は「スリーピング・ビューティ」なのか？

世界には逆風が吹いている。何が起こるかわからないという逆風である。

エネルギー価格は高止まりしている。東欧ではロシア・ウクライナ戦争がすでに3年以上続いている。中東では、パレスチナ戦争などの混乱が続いている。世界は、欧米陣営とロシア・中国陣営に分断され、さらにグローバルサウスが存在感を増して国連が十分機能しなくなっている。

日本には追い風が吹いている。ささやかな追い風ではある。追い風の源は日本経済が有するポテンシャル（潜在力）である。

スイスのビジネススクール「国際経営開発研究所」（ＩＭＤ）は毎年「世界競争力ランキング」を発表している。ランキング発表が開始された１９８９（平成元）年から１９９２（平成４）年まで、日本は世界1位だった。

バブル崩壊後は低下を続け、２００２（平成14）年には27位まで下がった。ところが不良債権処理や郵政民営化を終えた２００６（平成18）年には16位まで上がる。つまり改革さえすれば良くなるという潜在力を持っているのだ。しかしその後、順位は再びじわじわと落ちて、２０２４（令和６）年の日本の競争力は世界38位に低迷している。

世界競争力ランキングは67か国・地域を対象に、「経済パフォーマンス」「政府の効率性」「ビジネスの効率性」「インフラ」の４カテゴリーの３３６の指標でスコア付けしている。日本は、国内経済や雇用、科学インフラの項目が10位以内にランクインして高く評価されたものの、政府の財政状況や企業の経営慣行の項目の評価が、それぞれ64位、65位と特に低かった。

日本は、高い経済ポテンシャルを活かすべきである。日本の経済パフォーマンスに着目して、海外の企業が再び日本に進出し始めている。半導体関連企業などが、わかりやすい例だ。日本に対する期待は高まっている。

２０２４（令和６）年のダボス会議の理事会でのことである。海外の理事たちから、日本は「スリーピング・ビューティ」（眠れる森の美女）だと言われた。私は次のように切り返した。「日本がビューティかどうかはわからない。しかし、スリーピングであることは確かだ」と。

日本が「スリーピング」のままでいる根本的な原因は、制度と政策の不適さにある。それを是正しなければならない。

中国・武漢発の「原因不明のウイルス性肺炎」

2019（令和元）年12月、中国・武漢市で「原因不明のウイルス性肺炎」が確認された。新型コロナウイルス感染症（COVID－19）である。2020（令和2）年2月末には全世界の患者数が8万5000人を超え、世界保健機関（WHO）は、「パンデミック」を宣言した。

新型コロナウイルスは、変異を繰り返しながら、3年以上にわたって世界で猛威を振るった。日本と世界の感染者は増え続けた。WHOによれば、2023（令和5）年4月16日時点で、累計で世界で約7億6366万人が感染し、約691万人が死亡した。日本の感染者数は世界で6番目に多い3380万人。約7万4000人が死亡した。

新型コロナウイルス感染症の騒動が一応終息したのは、概《おおむ》ね2023（令和5）年5

月ごろのことだった。このとき日本では、コロナを「2類感染症」から「5類」へと移行した。日常における基本的感染対策を、政府として一律に求めることはなくなったのである。5月5日にはWHOが終息宣言を発表した。

新型コロナ禍は世界を大きく変えた

新型コロナ禍の最中、感染リスクを低減するために「三密」(密閉・密集・密接)を避けることが奨励された。不要不急の外出やイベント開催の自粛が呼びかけられた。テレワークの導入やオンライン教育の実施、オンライン診療に係る規制の緩和などが行われた。デジタル化の急激な波が押し寄せたのである。

このデジタル化の進展によって「フェイス・トゥー・フェイス」ではないコミュニケーションが可能であることが認識された。紙幣や貨幣の授受の際に、新型コロナウイルスに感染する恐れもあるとのうわさも流れた。そこで、非接触型の決済方法が急速に進展した。キャッシュレス化が当たり前の社会になったのである。

社会のシステムや制度は、その時点で最適になるものとしてつくられる。その中で既得権益も生まれる。一方で、社会は常に変質する。システムや制度が現実と合わなくなる。そういう時代を迎えたということである。

いつまで「失われた30年」を引きずるのか？

日本はいまだに「失われた30年」を引きずっている。国内の政治改革は遅々として進まない。構造改革も頓挫《とんざ》している。2024（令和6）年10月に誕生した石破茂総理のもとで、政治改革がどの程度進むのか、予断を許さない。「103万円の壁」がたとえ「178万円の壁」になっても、日本経済がどのくらい良くなるのか。疑問なしとしない。

一方で、世界の安全保障は危機に直面している。終結がなかなか見えないウクライナ戦争やイスラエル・パレスチナ問題。南シナ海や東シナ海で勢力を強める中国。そして、北朝鮮やイランの核問題など。枚挙にいとまがないほどである。

そういう状況の中でも、今日本にとって追い風になる変化が起きている。それはあまりにも当たり前のことのように思われ、とかく見落としがちになるかもしれないが、「デジタル化」はその一つである。

デジタル化のポテンシャル——追い風①

遅れをとる日本のデジタル競争力

日本には追い風が吹いている。ささやかな風かもしれない。しかし、その風を受け止めることができれば、日本経済を好転させることができる。ささやかな追い風を受け止めるためにはどうすればいいのか。日本のポテンシャルを再認識することである。

ポテンシャルの一つは「デジタル化」である。日本はデジタル化が遅れているといわれる。それは事実として受け止めなければならない。

スイスの国際経営開発研究所（ＩＭＤ）は毎年、「世界デジタル競争力ランキング」を発表している。デジタル競争力は、政府や企業などのデジタル化の進展度を、「知識」・「技術」・「将来への準備」の３つの要素に分けてランク付けするものだ。各要素は３つのサブ要素に分割され、計９つのサブ要素は59の評価基準で構成されている。

「世界デジタル競争力ランキング」によると、２０２４（令和６）年の日本の総合順位は67か国・地域の31位だった。確かに、日本のデジタル化には課題が多い。

高評価と低評価が明確に分かれている

ここで、「世界デジタル競争力ランキング」を評価基準で見ると、現段階の日本のデジタル化の現状と課題が見えてくる。

〈高評価〉
・高等教育での教師1人当たりの学生数（3位）
・100人当たりの無線ブロードバンドの普及率（2位）
・国民と政府間のやり取りを促進するオンラインサービスの活用（1位）
・世界のロボットに占めるシェア（2位）
・ソフトウエア違法インストールの割合（2位）

〈低評価〉
・上級管理職の国際経験（67位）

・デジタルスキルの習得（67位）
・企業の機会と脅威に対する対応の速さ（67位）
・企業の俊敏性（67位）
・ビッグデータや分析の活用（64位）

日本のデジタル化は「高評価」と「低評価」が極端なほど明確に分かれている。得意科目がある一方で、不得意科目も多数ある。簡単にいえば、日本のデジタル化は、「ハード面はそれなりに充実しているが、ソフト面で立ち遅れている」ということである。

ここから導かれる結論は明白だ。デジタル化を進展させるためには、ハード面を維持しつつ、ソフト面に力を入れればいい。しかし、「言うは易く、行うは難し」である。

「IT戦略会議」が設置される

日本のデジタル化の、ハード面が充実していることには理由がある。四半世紀ほど前の2000（平成12）年ころ、日本のインターネット普及率は韓国の3分の1程度だった。そのとき私は、慶應義塾大学の村井純教授と一緒に森喜朗総理（当時）を訪ねた。日本の「IT国家戦略」をつくるべきだと進言するためだった。村井教授は日本の「インターネットの父」として知られている。

森総理がITの重要性について一体どのくらい理解していたのか、と冗談めかして言う人はいるが、そのとき森総理は「わかった」と明言した。そして2000（平成12）年9月21日、森内閣総理大臣は、衆参両院本会議（第150回国会）の所信表明演説で、「e-Japan 構想」を打ち上げた。

2000（平成12）年7月、内閣総理大臣を本部長とする「情報通信技術（IT）戦略本部」と、20名の有識者から構成される「IT戦略会議」が設置された。「IT戦略会議」議長は当時のソニーCEO・出井伸之氏、村井教授、孫正義・ソフトバンク会長など豪華メンバーが揃《そろ》った。

6回にわたって開かれた「IT戦略会議・IT戦略本部合同会議」では激しい議論のやり取りが行われた。孫氏は、通信規制について公正取引委員長に厳しく迫った。私も会議のメンバーだったが、その迫力に驚かされた記憶がある。

５年以内に世界最先端のＩＴ国家になる

２０００（平成12）年11月に開催された「ＩＴ戦略会議・ＩＴ戦略本部第６回合同会議」では、日本が５年以内に世界最先端のＩＴ国家となることを目標とする「ＩＴ基本戦略」が策定された。「５年以内」という期限については、当時、「本当にそんなことができるのか」と訝《いぶか》る声もあった。

同じ２０００（平成12）年11月、「ＩＴ基本法」（高度情報通信ネットワーク社会形成基本法）が成立。２００１（平成13）年１月には、「ＩＴ基本法」第25条に基づいて、内閣に「ＩＴ戦略本部」（高度情報通信ネットワーク社会推進戦略本部）が設置された。「ＩＴ戦略本部」第１回会合では、「e-Japan 戦略」が決定され、同年３月には、「e-Japan 戦略」を具体化する「e-Japan 戦略重点計画」が決定された。

このようにして、日本は５年で世界最先端のインフラを構築した。ＩＴリテラシーも向上し、インターネット普及率も急速に上昇した。その時点で日本のデジタル化は、ある程度成功したかに見えた。

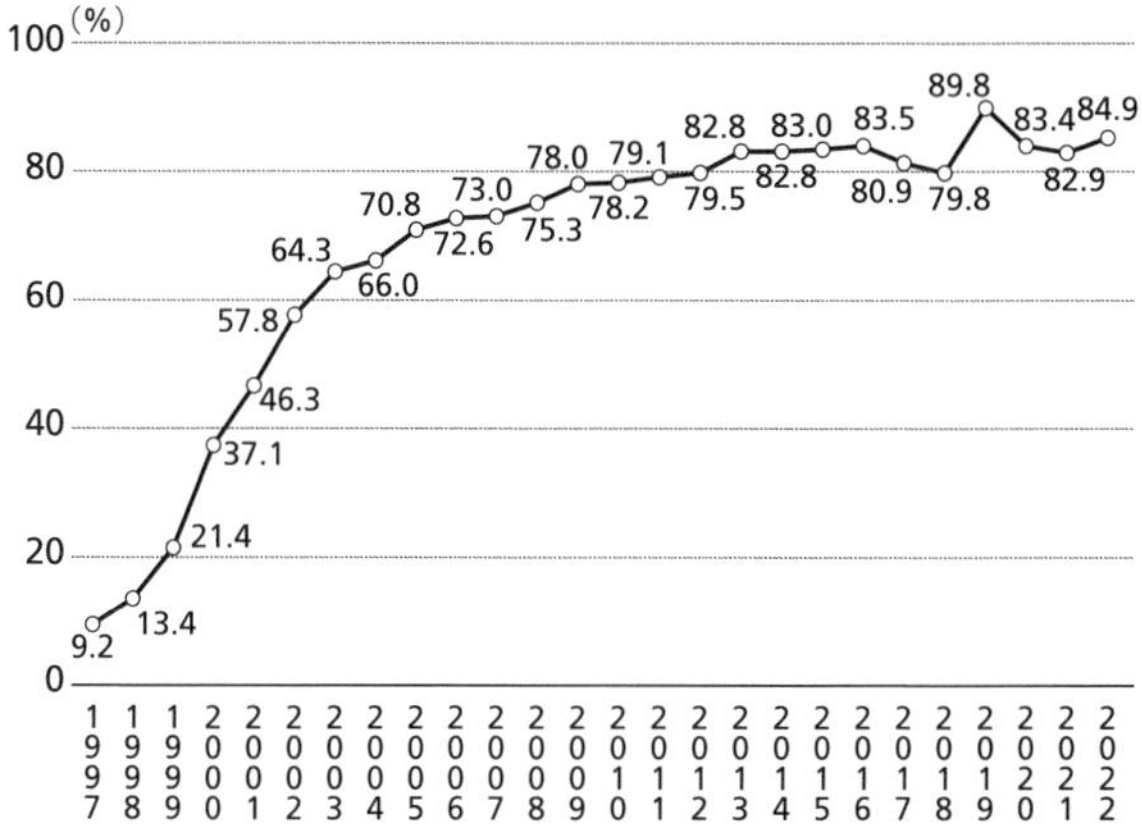

出典：通信利用動向調査（総務省）
https://www.soumu.go.jp/johotsusintokei/whitepaper/ja/r05/html/nd24b120.html

気がつくと日本のデジタル化は世界31位まで後退

しかし気がつくと日本のデジタル化は世界31位に後退している。現在、インターネット普及率（84・9％）は世界71位に下がっている。

日本のインターネット・インフラは決して遅れているわけではない。例えば、すべてが4Gで、やがて5Gという高速でつながれる。例えば、アメリカではインターネット接続が極めて遅い地域がある。それは、アメリカの地方のホテルに泊まってみるとすぐわかる。

日本のデジタル化の問題は何か。それ

は、利用があまり進んでいないことに尽きる。なぜ利用が進まないのか。その大きな理由として、知的財産権の問題、そしてリテラシー（利活用）が低いことがわかっている。日本にとって、いずれも克服が不可能なことではない。やろうと思えばできることである。

第４次産業革命——ＡＩの時代へ

日本のネットワークの幕開け

日本はデジタル化がなかなか進まない。その最もわかりやすい例は、「キャッシュレス」の遅れ。「インターネット」と「キャッシュレス」がどうつながるのか。時間を少しだけ巻き戻して考えてみよう。

デジタル化の歴史は１９８２（昭和57）年に始まる。今から43年前のことである。アメリカで軍内部の連絡用に使われていたインターネットが、民間でも利用できるようになった。

日本にインターネットが入ったのは、１９９０（平成２）年４月１日のことだった。

慶應義塾大学湘南藤沢キャンパス（ＳＦＣ）が開校する日の未明に、村井教授の研究室とアメリカのインターネットワークがつながった。日本のネットワーク幕開けの瞬間だった。ＳＦＣは、いわば日本のインターネット発祥の地である。そして、村井教授が「日本のインターネットの父」と呼ばれるゆえんである。

ところで、ほとんどの人はインターネットを英語のスペルで書くことができる。しかし、私が大学で教えていたころ、「internet」と書く学生もいた。それは間違っている。最初の「i」は大文字の「I」でなければならない。「インターネット」というネットワークは１つしかないからである。「竹中平蔵」という名前と同じように、「インターネット」も固有名詞である。これがインターネットの性格を端的に表している。

阪神・淡路大震災とテレビ報道

インターネットが日本とつながったとき、私たちは「何かできるかもしれない」と思った。しかし、何ができるのか明確にはわからなかった。

一般にインターネットが使われるようになったのは、１９９５（平成７）年のことである。「Windows 95」が発売されて、インターネットが家庭に入るようになった。「Windows 95」の英語版は8月24日、日本語版は11月23日（深夜）に利用可能になった。

1995（平成7）年1月17日午前5時46分、「阪神・淡路大震災」が起きた。当時、アメリカに住んでいた私は、その前日にたまたま日本に来ていた。東京で1泊して、大阪に行く予定だったのだ。朝起きてテレビをつけたところ、関西で大きな地震が起きたようだというニュースが飛び込んできた。NHKのニュースでは、「今入った情報によると、高齢の女性が転んで怪我をしたとのことです」とアナウンサーが伝えていた。

その後、次々と速報が入り、次第に状況が明らかになっていった。夕方には、約6000人が亡くなり、多くの家屋が倒壊したことがわかった。阪神高速道路が倒壊している映像もテレビで流された。NHKですら、当初の情報伝達は非常に遅かった。

「インターネット」は1995年の流行語大賞

当時、インターネットは家庭に入っていなかった。連絡手段は電話しかなかった。情報は、テレビを通じて入るだけだった。その10か月後に「Windows 95」が発売された。

そのとき、あるお父さんが大学生の娘さんに言った。「インターネットというものが流行っているらしいね。今夜、一つ買ってきてくれないか」。そんなジョークが出るくらいインターネットが身近になった。

「インターネット」は「官官接待」などとともに、1995年の流行語大賞のトップテンに選ばれた。ちなみに、年間大賞は、「無党派」（青島幸男・東京都知事）、「NOMO」（ロサンゼルス・ドジャース・野茂英雄投手）、「がんばろうKOBE」（仰木彬・オリックス監督）だった。

周知のように、その後インターネットをめぐる状況は大きく変わった。

2011（平成23）年3月11日午後2時46分、三陸沖を震源とした大地震が起きた。東日本大震災である。インターネットはすでに普及していたため、メールなどで安否情報を確認することができた。

2024（令和6）年1月1日午後4時10分、能登半島地震が起きた。テレビ報道よりも早く、インターネット上には一般の人からの生々しい映像が流されていた。

「スマホ」という名の小さなパソコンの普及

2007（平成19）年に、デジタル化をめぐるさらに大きな変化が起きた。1月9日に開催された「Macworld Expo 2007」で、「iPhone」が発表されたのである。初代iPhoneは6月29日にアメリカ合衆国で発売された。

2008（平成20）年にはグーグルのOS「Android」を搭載したスマートフォン（スマホ）が発売された。日本では2008（平成20）年7月11日に、ソフトバンクが「iPhone 3G」を発売した。

当初は販売が伸び悩んだ。「iPhoneは一般ユーザーには魅力的でない」とまで酷評された。しかし、その後、iPhoneの販売が上向き、アンドロイド系も含めて、日本でスマートフォンが急速に普及していくこととなった。

なぜ「iPhone」などのスマートフォンが大きな変化なのか。「iPhone」をおしゃれな電話だと思って買っている人もいるかもしれない。しかし、スマホは単なる電話ではない。ほとんどの人は電話としては使っていないといったほうがいい。スマホは小さなパソコンである。

今や、AIから生成AIの時代に

スマホの出現によって、すべての人がデジタル・ネットワークに入る基盤ができた。スマホを使って情報交換し、ホテルやコンサートの予約を入れる。スマホを使って買い物をし、決済をする。それが当たり前の時代になった。

その結果として起きたことは何か。それは、デジタルなビッグデータが集まるようになったことである。「ビッグデータ」という言葉が普及し始めたのは2010（平成22）年ごろのことだった。2011（平成23）年は「ビッグデータ元年」といわれている。

デジタル技術は急速に進歩する。2012（平成24）年ころから、AI（人工知能）の画期的な技術進歩が実用化されるようになった。松尾豊・東京大学教授によれば、それは「ディープラーニング」である。ビッグデータを与えることによって、AIがどんどん賢くなっていくというプロセスが実現したのである。

そして、今「生成AI」（ジェネレーティブAI）の時代になった。生成AIはデータのパターンや関係を学習して、新しい情報やコンテンツをつくり出す。

キャッシュレス化はインドに学ぶ

キャッシュは受け取る側が不便

ビッグデータが集積され、それをAIで解析できるようになった。キャッシュレスによるデータが、有効に活用される時代を迎えたのである。

買い物の支払いを、キャッシュレスで行うことのメリットは大きい。いわゆる「デジタルマーケティング」ができるようになる。「デジタルマーケティング」とは、インターネットなどを活用して、顧客や生活者の行動に関するデータを収集・分析し、商品やサービスの認知向上や集客、販売促進活動などを行うマーケティング手法である。

「キャッシュ」(現金)はある種の面倒さを伴う。利用者にとっては便利かもしれないが、現金を受け取る側は現金を勘定しなくてはならない。毎日、現金を計算し、勘定が合わなければさらに時間を取られる。余計なことに時間を取られて、生産性は上がらない。

日本ではキャッシュレスの利用の進展が遅々としている。2010(平成22)年に

13・2％だったキャッシュレス決済比率は、その後徐々に大きくなってはいるものの、2023（令和5）年現在でも約39％に過ぎない。

キャッシュレスは便利な決済手段である。そして、経済が次の段階に進むための最重要課題である。残念ながら日本では、そのキャッシュレスが遅れているのである。

キャッシュレス化とフィナンシャル・インクルージョン

世界を見ると、キャッシュレス化が急速に進んでいる国がある。インドである。

インドはGDP世界第5位（為替レート次第では4位）の経済大国である。しかし、一人当たりGDPは2485ドル（2023年：世銀資料）で世界159位。世界デジタル競争力ランキングは51位の国である。

インドは2014（平成26）年に「デジタル・インディア計画」を策定した。インド版DX（デジタルトランスフォーメーション）である。2015（平成27）年から実施され、社会や経済のデジタル化が急速に推し進められた。2016（平成28）年には高額紙幣の取り扱いが廃止され、キャッシュレス化を推進した。

インドがキャッシュレス化を推進する目的は、経済活動の効率化と金融包摂《ほうせつ》（フィナンシャル・インクルージョン）である。

世界最大の約14億4000万人（2024年）の人口を持つインドでは、約8000万人が貧困状態にあるといわれている。貧困層の中には出生届を出さない人も多かった。本人確認ができないため、政府からの食料や支給金の不正受給、役人による中抜きなどの不正が横行していた。銀行口座を開設できない人も多かった。

インド版DXの土台は「アーダール」

そこでインド政府は2010（平成22）年に「個人識別番号制度」（アーダール）を導入した。「アーダール」は、日本の「マイナンバーカード」と同様に、一人ひとりに12桁の番号が割りふられ、名前や住所、生年月日、性別が登録される。顔写真や、指紋、目の虹彩という生体情報を照合用に登録して本人確認ができる点は、「マイナンバーカード」より進んでいる。

アーダールによって、本人確認が可能になった。政府からの支援は適切に対象者の手に届くようになった。アーダールへの登録は任意である。インド政府によると、現在では、登録対象である5歳以上の国民のほぼ１００％が登録済みといわれている。「アーダール」はインド版ＤＸの土台である。

統合決済インターフェース・ＵＰＩ

インドの金融デジタル化推進には、一つのインフラが大きな効果を上げている。「統合決済インターフェース」（ＵＰＩ）である。インドでは、政府が標準化されたデジタル・インフラを開発し、それを官民に開放するという手法がとられてきた。ＵＰＩもその一つである。

ＵＰＩは、スマホを利用して行う電子送金システムである。２０１６（平成28）年にインド決済公社が開発し、民間事業者に開放された。24時間３６５日、銀行口座間の即時送金ができる。少額決済での利用が中心であるため、金額ベースでは決済全体に占める割合は多くはないが、件数ベースでは73％（２０２２年度）となっている。

２０２２（令和４）年には、ＵＰＩの派生サービスとして「ＵＰＩ １２３ＰＡＹ」

と「UPI Lite」が導入された。「UPI 123PAY」は、フィーチャーフォン（いわゆるガラケー）向けのサービスで、インターネット接続なしで利用できる。

インドでは約12億人の携帯電話人口の4割弱は、フィーチャーフォンを利用しているためである。「UPI Lite」は、インターネット未接続の場所や通信環境の悪い場所での利用を想定したサービスで、対面でのオフライン決済サービスである（以上は、岩崎薫里「インドの電子決済における新たな動き」『JRI ASIA MONTHLY』2023年5月による）。

アーダールとUPIで、インドのフィナンシャル・インクルージョンは大きく進展した。インドの町の道端にある露天商で買い物をして、支払いはキャッシュレスで行うことができるようになったのである。

ようやく進み始めた日本のキャッシュレス化

2025年までにキャッシュレス決済比率40％

インドでは、2019（令和元）年末からの新型コロナ禍での非対面・非接触のニーズが高まり、これがキャッシュレス化の追い風になったという。日本でも新型コロナが猛威を振るった。しかし、日本では銀行口座を持つことができない人は基本的にはいない。そのためキャッシュレス化の必要を、あまり実感できなかったのかもしれない。

そのため、気がついてみるとわが国のキャッシュレス化は大きく遅れてしまっている。しかし、今、ようやく、キャッシュレス化は徐々に広がり始めている。経済産業省が掲げた「2025年までにキャッシュレス決済比率40％」目標はかろうじて達成するだろう。ただし進展は遅く、目標も低い。

キャッシュレス化は少しずつ進み始めている。日本にもキャッシュレス専用の店舗や施設が増えているからだ。東京ドームで野球観戦をしたときのことである。飲み物を買うために現金を出そうとしたところ、「キャッシュレス」と言われた。

売り子さんは、飲み物が詰まった重い「立ち売り箱」を持って観客席の階段を上り下りする。現金でのやり取りは大きな負担だったはずだ。キャッシュレスのほうがはるかに楽であり、販売後の現金勘定の必要もなくなる。

パーソナル・ヘルス・レコード

少しずつ動き始めたキャッシュレス化に、マイナンバーを結びつけることによって、いろいろな展開ができるようになった。日本に吹く追い風の一つである。

２０２４（令和６）年の「骨太方針」の中には、「ＰＨＲ」（パーソナル・ヘルス・レコード）という言葉が頻繁に出てくる。ＰＨＲとは、生涯にわたって個人の健康や医療に関するデータを管理・活用する仕組みのこと。わかりやすくいえば、個人の「カルテ」を電子化して、統合するということである。

デジタル化の進展によって、日々の健康にかかわる個人の膨大なデータがたまるようになった。このビッグデータを利活用する仕組みがＰＨＲである。

京都大学の石見拓教授によれば、ＰＨＲの機能は３つある。１つめは、個人の健康に関するデータを保管して閲覧できるようにすること。２つめは、個人がデータに基づいたフィードバックを医療者などから得ることである。３つめは、研究機関や事業者など第三者に個人がデータを提供して、何らかのサービスやインセンティブを得たり、社会の将来的なヘルスケア・医療の質向上に貢献したりすることである。

PHRとマイナ保険証

2024（令和6）年12月から、マイナンバーカードによる健康保険証が始まった。PHRの一環である。この「マイナ保険証」を利用する際には、顔認証付きカードリーダーで受け付けを行うことになる。総務省のデータによると、2024（令和6）年12月時点のマイナンバーカード発行数は1億5117万枚で、人口の約84・2％を占めている。

PHRの利点は、例えば、思いがけずに怪我をして救急車で運ばれたときを考えればすぐわかる。マイナ保険証でヘルス・レコードを調べることによって、持病やアレルギーの有無が事前に判明する。その結果、最適な医療処置を受けることができる。そういうことがようやくできる条件が整ってきた。

「2020東京オリンピック・パラリンピック」が1年遅れで開催されたときのこと。ある国の棒高跳びの選手が、前日の練習で棒が口に当たり、歯が折れてしまった。

その選手は自分のヘルス・レコードを選手村の医務室に送った。医務室は本国の医療機関に連絡して、その選手の歯に関するカルテを取り寄せた。歯科技工士が義歯を用意した。その選手は義歯を付けて翌日の大会に出たという。

そういうことができるテクノロジーを、日本はすでに持っている。2025（令和7）年度から、マイナンバーカードが普及している3つの地域を選定して、PHRのさまざまな利活用を実験的に始めていくことになった。医療の世界は大きく変わっていくだろう。

マイナンバーとキャッシュレスが結びつくメリット

ここで、マイナンバーとキャッシュレスが結びつくことによるメリットを紹介しよう。それは、かつて民主党政権が掲げた「歳入庁」の実現が視野に入ってきたということである。

私たち国民は現在、国と地方に税金を納め、社会保険料は日本年金機構に払っている。しかしマイナンバーによって、もし「歳入庁」をつくればそこに一本化して収めることができるはずだ。さらに、マイナンバーを銀行口座と結びつければ、銀行口座から自動的に税金と社会保険料を支払うことができる。

それだけではない。例えば、新型コロナ禍のようなときの給付金受け取りも即座にできるようになる。日本では給付金を現金で配った。そのため、大変な作業を必要としたことは記憶に新しい。一方、デジタル化が進んだインドでは、混乱なくスムーズに給付金を配布できたことはすでに紹介した。そういうことが即座にできるようになれば、社会的なコストは一気に下がる。

日本で公衆電話の撤去が進められているように、海外ではキャッシュ・ディスペンサー（ATM）が急激になくなりつつある。例えば、スウェーデンでは今、キャッシュを扱わない銀行もある。

一方、日本では、銀行の店舗やATM（現金自動預け払い機）は減少しているが、ショッピングセンターやコンビニでATMが増えている。それはキャッシュレス化が遅れていることを示唆《しさ》している。

円安――追い風②

円安のメリットをどう使うか

日本にささやかな追い風をもたらしている2つめは、「円安」である。

円ドルレートは日々変動している。30年程度の長期で見れば、1ドル75円台から165円台の幅で推移している。前日よりも円の価値が下がることを「円安」という。図で見るように、近年は極端な円安状況である。それは多くの日本の企業にとって、大きなチャンスの背景になっている。

円安は良いことなのかどうか。そう質問されることが多い。実は、円安にも円高にも、良い面と悪い面がある。総じていうと、円安は消費者のためには決して良いとはいえない。為替レートが1ドル100円から200円になったとする。円安である。そうすると、今まで100円払って海外から輸入していたものが200円になってしまうからである。

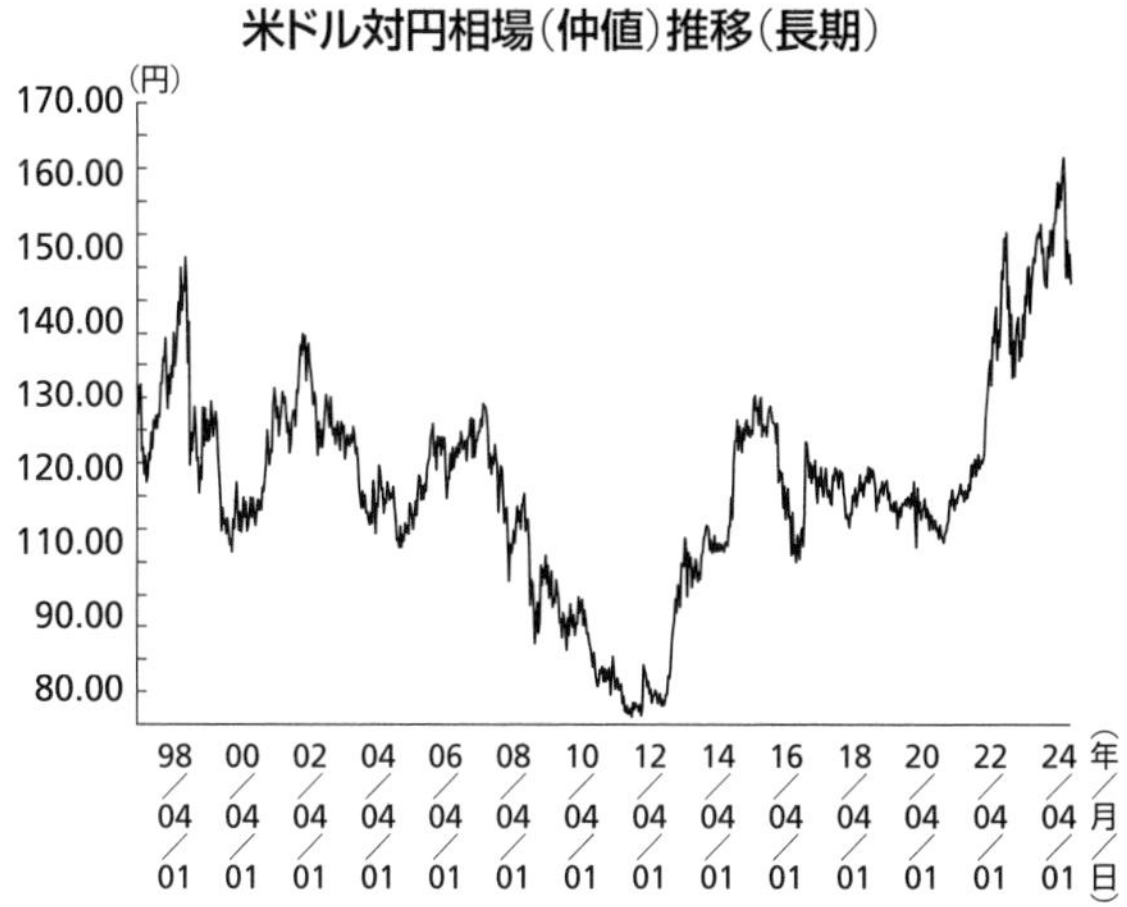

出典：七十七銀行
https://www.77bank.co.jp/kawase/usd_chart.html

これを「交易条件の悪化」と呼び、国民の生活水準を間違いなく下げることになる。近年の物価上昇の要因の一つは「円安」である。

ところが、円安になった瞬間に企業、とりわけ輸出企業の利益は増える。100円だったものが200円で売れるからである。例えば、2023年度のトヨタの販売台数は7％増にとどまったが、営業利益は前年比約2倍の5兆3529億円を記録した。そのうち、0・8兆円が為替差益であり、1兆円が値上げによるものだという。為替差益とは、簡単にいえば「水ぶくれ的利益」である。しかし、利益が増えたことは事実である。その利益分を設備投資に使うこともできる。
企業にとって、円安にはそういうチャンスがある。円安が良いか悪いかを議論する前に、円安による利益をいかに使うかという議論をすべきだということである。

「円安」で喜ぶ外国人旅行客・困る日本人旅行客

未来永劫、円安が続くわけではない。適切な政策をすれば、いずれ円が高くなることも十分にありうる。それがいつのことなのか誰もわからない。理論的に適正為替レートを導き出すことは容易ではないからである。

「購買力平価」という考え方がある。いろいろなモノやサービスの値段を、バスケットの中に入れて測った為替レートである。日本の「購買力平価」は110~120円といわれている。「購買力平価」の考え方については賛否両論あるが、近年の1ドル150円台というのは、明らかに購買力平価から離れすぎている。

余談になるが、「マック・カレンシー」という言葉がある。世界中の国々で「ビッグマック」が販売されている。2024(令和6)年7月、アメリカのビッグマック価格は5・69ドル、日本のビッグマック価格は480円だった。その値段で為替レートをはかると1ドル約90円になる。

「マックカレンシー」が正しいとすれば、現在の為替レートは円安すぎる。仮に1ドル150円であれば、日本のビッグマックはドル換算約3ドルで食べることができる。外国人旅行客にとっては好都合なことである。

別の言い方をすると日本人にとって、海外の物価は極めて高く感じられる。私事になるが、ダボス会議の関係でスイスに行ったときのこと。スイスフランは1フラン約190円。ドルやユーロに比べてより高い通貨だ。簡単な昼食でも、すぐに6000円から7000円。スイスの一人当たりGDPは世界第3位で10万ドルを超えている。日本（約3万4000ドル）の3倍である。その点も勘案する必要はある。

円安と一人当たりGDPの格差で、日本人の海外旅行者は大いに苦労している。

為替レートは3つの要因で決まる

一般的には、為替レートは3つの要因で決まると考えられている。

長期的には、「ファンダメンタルズ」で決まる。「ファンダメンタルズ」とは、国全体の経済社会や政治に対する信頼感である。あなたが1億円持っているとする。例えばその4割くらいはドルで持ち、2割くらいはユーロで持っていたい、といった具合に基本的な割合を考える傾向がある。そのもとになるものが「ファンダメンタルズ」である。

そして中期的には、「経常収支」が影響する。経常収支赤字が続くとドル需要が増えるので、円安ドル高になる。経常黒字が続くと円需要が高まるので円高ドル安になる。最後に短期的には、内外の「金利差」で決まる。より金利や利回りの高い国の通貨への需要が高まり、円安あるいは円高に動く。

日本の場合3つの要因の中でも重視したいのは、「ファンダメンタルズ」である。バブル崩壊後、日本はファンダメンタルズを良くする政策を必ずしも採《と》ってこなかった。構造改革を途中で否定した。

その結果、「国際競争力ランキング」1位だった日本は27位まで順位を下げた。その後、小泉改革が功を奏して、一時16位まで上がった。ところが、そこで改革を中断したため、近年はとうとう35位になってしまった。著名なエコノミストであるロバート・フェルドマン氏が指摘した「CRICサイクル」（危機・反応・改善・安心）に陥ったのである。

米中摩擦による「半導体」――追い風③

日本企業の国内回帰始まる

日本に吹く3つめの追い風は「米中摩擦」である。「かなり強い」風といったほうが適切かもしれない。世界の安全保障を考えると、米中摩擦が激化することは本来決して好ましいことではない。しかしそれが日本にとって、少なくとも短期的には大きな追い風になっていることは確かである。

どういうことなのか。日本に対する期待が高まっているということである。

日本では民主党政権のときに、海外生産比率が35％を超えた。それが日本の産業空洞化を招いたのだ。しかし習近平政権が誕生して以降、中国は強硬路線に転じる中で、中国に進出していた日本企業の国内回帰が出始めている。それが日本にとっての一つの追い風になっているのである。

日本にとっての追い風のわかりやすい例が、半導体産業である。この点は、後に詳述しよう。

リスクマネーと大金持ち

こうした流れを資金面から後押しするように、リスクマネーが動き始めた。リスクマネーとは、高リスク・高リターンを求める投資資金のことである。リスクマネーは有望な投資先を求めて動き回っている。

実は、リスクマネーが動くためには大金持ちが必要になる。所得格差を是認するのかという批判も予想されるが、それが世界の現実である。

マネーを動かす重要なプレーヤーとして「ファンド」がある。お金持ちからお金を集めて「ファンド」がつくられる。そこで、ファンドは、出資先に対してさまざまな要求をする。これをやるなとか、リスクの少ない新事業を行えとか。ファンドからすれば当然なことで、ファンドへの出資者から、さまざまな要求があるからである。しかし、これでは本来の意味でのリスクマネーにはならない。

ファンドが本来の意味でのリスクマネーを供給するためには、背後に大金持ちが必要である。しかし税率の関係もあって、日本には真の大金持ちは極めて少ない。日本にリスクマネーが出てこない、一つの要因と考えられる。

資産10億ドル以上の超富裕層をビリオネアと呼ぶ。日本円に直すと1500億円以上の資産を持っている人のことである。2024年現在、世界には2600人以上のビリオネアがいる。国別で見ると、最も多いのがアメリカで約730人。2位は中国で約560人、3位はインドで約160人である。日本は30人ほどしかいない。

高額な日本の相続税がボトルネック

日本で、大金持ちを増やすことができないボトルネックは何か。税制である。

相続税を例にとろう。スウェーデン、ノルウェー、中国、インドなどは相続税がない。相続税のある国でも日本ほど税負担の高い国は少ない。例えば、州によって違うがアメリカでは「亡くなった本人が納める」遺産税という形をとっていて、基礎控除額は11

18万ドル（約16億7300万円）である。日本の基礎控除額は「3000万円＋600万円×法定相続人の数」。2人で相続した場合の基礎控除額は4200万円。日米の格差は歴然としている。

台湾で陳水扁総統のときに相続税率を15％に下げた。海外から華僑が戻ってきたという。安い税金であれば喜んで納める。脱税や節税を考える必要もない。国際的に見て日本の相続税は、あまりにも高すぎる。

アメリカのケネディ家は、アイルランドからの移民で、3代で大統領を出すと誓ったという。1961年に3代目のジョン・F・ケネディが第35代大統領に就任する。アメリカではお金を使う自由があるが、同時にお金を残す自由もある。それに対して日本の高い相続税によると、お金を使う自由はあるが、お金を残す自由がほとんど認められない。

繰り返し言うが、私は所得格差の拡大を是認しているわけではない。しかし現実問題として、リスクマネーを提供できるような超資産家がいないことが、日本の一つの弱点といえる。

日本の半導体産業の売上高とシェアの推移

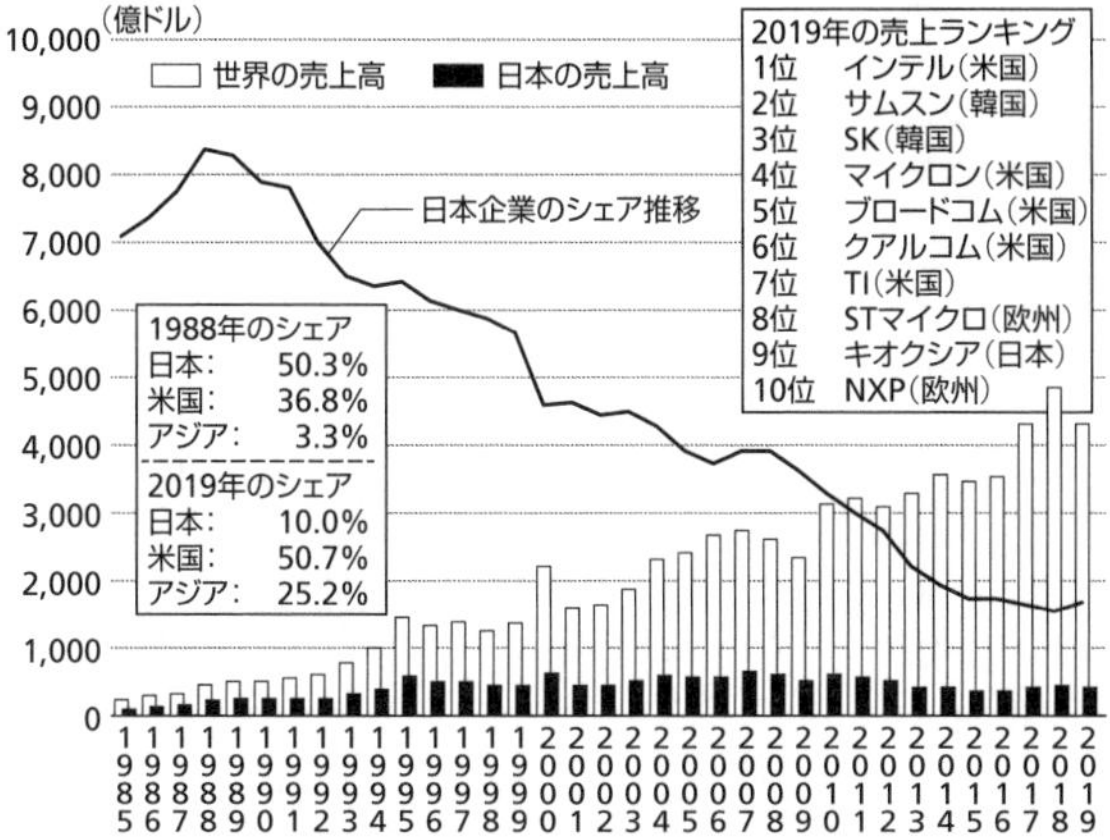

「半導体戦略(概略)2021年6月」(経済産業省)内の資料をもとに作成
https://www.meti.go.jp/press/2021/06/20210604008/20210603008-4.pdf

日本の半導体産業の栄枯盛衰

話を元に戻そう。

　１９８０年代半ば、日本の半導体産業は隆盛を誇っていた。１９８６（昭和61）年には日本の出荷シェア（46％）がアメリカを抜いて世界一になった。１９８８（昭和63）年には世界市場の50・３％のシェアを獲得した。バブルの絶頂期のことである。

　しかし、隆盛は長くは続かなかった。「驕れる人も久しからず」の名言もある。日本の半導体産業は、その後、凋落の一途をたどることになる（図）。

なぜそうなってしまったのか。その要因は2つある。

一つは、アメリカからのバッシングだった。出荷シェアで世界一になった1986(昭和61)年に「日米半導体協定」の締結を余儀なくされる。「アンチダンピング法」などを組み合わせた貿易規制で、典型的な日本たたきだった。日本国内で海外製半導体のシェア20%を保つようにも求められた。

もう一つは、韓国企業や台湾企業の台頭だった。当時、日本の半導体産業の主力商品はDRAM(ディーラム)だった。DRAMとは、メモリ半導体の一種である。構造が単純で、低コストで大容量の製品を製造できるという特徴を持つ。「アンチダンピング法」を根拠にして、DRAMに最低価格制度が導入された。日本が販売価格維持をしている間に、さらに安くDRAMを製造する韓国企業サムスン電子などが台頭した。

経営破綻したエルピーダメモリ

1996(平成8)年に「日米半導体協定」は終了した。その時点での日本の半導体のシェアは約30%まで下がり、その後も低下の一途をたどる。

1999（平成11）年12月、日本のDRAM事業の再編が行われた。NECと日立製作所が事業統合を行い、2000（平成12）年5月には「エルピーダメモリ」が誕生。しかし経営ははかばかしくはなかった。2009（平成21）年6月には、経済産業省から「産業活力再生特別措置法」の認定を受けた。2009年日本政策投資銀行による増資引き受け（300億円）や、民間銀行団からの融資（約1000億円）も行われた。

その3年後の2012（平成24）年12月、エルピーダメモリは経営破綻した。負債総額は、製造業としては戦後最大の4480億円だった。

2019（令和元）年ごろ、日本の半導体メーカーの市場占有率は10％を割り込んだ。日本の半導体産業は、アメリカからのバッシングと海外企業との価格競争、そして必ずしも適切ではない政府の政策によって敗れたのである。

TSMCは九州・熊本第一工場を建設

ところが今、まったく逆の風がアメリカから吹いている。米中摩擦のあおりを受けて、アメリカは「サプライチェーン」の見直しが急務になった。「サプライチェーン」とは、原材料の調達から生産、加工、流通、販売に至るまでの一連の流れを指す言葉。ちなみに、日本では2011（平成23）年の東日本大震災のとき以降、特に注目されるようになった。

米中対立の中でアメリカは、日本・韓国・台湾が協力して、半導体の新たなサプライチェーンをつくるよう求めているのである。アメリカの要求は、「バッシング」（たたき）から「ブースト」（あと押し）に代わった。

台湾企業のTSMC（台湾積体電路製造）は九州の熊本に第一工場を建設した。TSMCは半導体受託生産の世界最大手企業である。TSMCの進出を機に、「熊本シリコンアイランド」に半導体関連産業が集結している。九州経済産業局によると、2021（令和3）年4月以降、九州への半導体関連の設備投資は100件を超え、投資総額は5兆円規模になった。2024（令和6）年12月にはTSMCの量産出荷が開始された。

「ラピダス」は北海道に進出

2022（令和4）年8月、日本企業の「ラピダス」が設立された。次世代半導体の量産を目指すラピダスは、2023（令和5）2月、北海道千歳市に工場建設を決定した。総投資額は5兆円に及ぶ。千歳市周辺は、半導体関連投資に盛り上がっている。

日本政府は、内需により国産半導体サプライチェーンを構成して、世界の半導体市場に打って出る戦略を描いている。ラピダスの北海道進出を、そのための最初の一手と位置づけている。そして、経済産業省が堂々と補助金を出すことができる状況を生み出している。

熊本に進出するのは、TSMCという台湾企業である。なぜ、外資を導入するのか。言うまでもなくそれは、日本の半導体産業が弱体化しているからである。最先端の技術を持つ台湾やアメリカの企業と、共同で事業を行う必要があるということである。

「2ナノラピダス」という超高度半導体

それに対して、北海道は「ラピダス」という純国産企業の半導体投資を起点としている。そのラピダスの生産が軌道に乗るのかどうか、専門家からは厳しい見方が示されている。ラピダスが生産を目指しているのは「2ナノラピダス」という半導体だからである。

1ナノメートルは10億分の1メートル。「2ナノラピダス」は、10億分の2メートルの回路線幅で、人工知能（AI）や自動運転車などに使われるという。いわば最先端の半導体で、世界中のどの企業も量産化には成功していない。

「2ナノラピダス」は、日本がこれまで生産してきた半導体に比べるとはるかに高度なもの。いわば「三段跳び」のような高度な技術を必要とする。それを可能にするためには、人材が欠かせない。

半導体の人材募集をしたところ、応募者の多くは50代から60代だったという。若い人が育っていないのは、半導体産業が弱体化をたどっていたからである。電力、水を提供できるインフラが十分かどうかも懸念される。

一方日本は、半導体をつくる設備などの製造基盤ではある程度強さを持っている。この追い風を活用することができれば、新しい風が日本に吹いてくる。

自由貿易のタガが外れた

実は、経産省が半導体産業に補助金を出すことは微妙なポイントである。どういうことなのか。簡単に説明しよう。

現在の国際貿易は、ＷＴＯ（世界貿易機関）に則《のっと》ったルールで行うことになっている。１９９５（平成７）年１月１日に発足したＷＴＯには、２０２５年現在、１６６の国・地域が加盟している。

ＷＴＯは、政府が自国の企業だけを優遇することを認めていない。公正の原則に反するからである。自国も外国も待遇を同じにする。それが「公正」「内外無差別」ということである。半導体の例でいえば、外国の企業に対しても補助金を出さなければならない。補助金政策の下で輸出力を強化すると、他の国は迷惑をする。ＷＴＯはそれを厳しく監視するシステムになっていた。

ところが、２００１（平成13）年12月に中国がＷＴＯに加盟して以降、状況が変わってきた。当時、中国のＧＤＰは世界第6位だった。にもかかわらず、「発展途上国の特権」を得て、ＷＴＯに加盟した。「特権」の下での自由貿易が、中国経済の発展に大きく寄与したことは想像に難くない。

「補助金戦争」の時代になった

しかし現実問題として、中国の「国家資本主義」が膨張して、米中の決定的な対立を引き起こした。「経済安全保障」の名のもとに、自由貿易のタガが外れた。半導体のサプライチェーン見直しのために、アメリカも自国企業に多額の補助金を出すようになった。

２０２２（令和４）年８月、アメリカでは「ＣＨＩＰＳプラス法」が成立した。「ＣＨＩＰＳプラス法」では、半導体の製造能力増強に関するアメリカ国内への民間投資に対して、５年間で３９０億ドルの資金援助を行うこと、および１１０億ドルを半導体関連の研究開発プログラムに投じることになっている。１ドル１５０円で換算すると、それぞれ５兆８５００億円、１兆６５００億円という巨額な補助金・研究開発費である。

アメリカでは、２０２３（令和５）年３月からは補助金の申請の受け付けが始まり、企業に多額の補助金が給付されるようになった。

２０２２（令和４）年のダボス会議でのことである。古くからの友人であるローレンス・サマーズ教授は名言を吐いた。「今まではトレード・ウォーが問題だったが、これからはサブシディ・ウォーが問題だ」と。「貿易戦争」の時代は終わり、「補助金戦争」

の時代になったということである。

「何でもあり」の世界になった

ここで一つ付け加えなければならないことがある。それは、半導体企業にとって、補助金がいいことなのかどうか、ということである。

例えば政府の補助金で、ラピダスが最先端半導体の開発に成功したとする。その瞬間に、その技術は「最先端」ではなくなる。したがって、さらに新しい技術のための研究開発投資が必要になる。そこで再び「補助金」を出さなければならないのだろうか。

政府が民間企業の研究開発投資に補助金を出す。それは、政府がともにリスクを負うことである。補助金の原資は税金である。つまり、国民負担でリスクを負うということである。

できればそれは避けるべきだろう。ところが米中摩擦で、自由貿易のタガが外れた今、いわば「何でもあり」の世界になった。経済産業省はここぞとばかりに、積極的に多額の補助金を出している。それが現在の日本の姿である。

第二章 追い風を遮る3つの壁

日本経済には追い風が吹くが、それを活かすには制度・規制改革が必要だ。しかしそうした改革を阻む、いくつかの「壁」がある。この章では、労働市場改革の壁、中小企業改革の壁、農業改革の壁、という3つの壁を考える。いずれにも共通するのは、既得権益を守るため政治力が強く作用しているという点だ。政治が制度をつくり、政策を歪《ゆが》め、そして経済が悪化する……そうした壁を壊すことが求められてくる。

日本人の「働き方」は変われるか――壁①

テレワーク――日本とアメリカの決定的な違い

日本に吹く、ささやかな追い風を妨げている壁がある。その一つが、日本人の働き方である。

新型コロナ禍で日本人の働き方が変わったといわれる。会社に出勤せずに、リモートでテレワークする人が増えたのである。

２０２１（令和３）年には首都圏で42・3％、全国で27・0％に達した。しかしその後は徐々に低下して、２０２３（令和５）年は、首都圏で38・1％、全国で24・8％となっている。最近では「ハイブリッドワーク」が増えているという。週1～4日間はテレワークを実施し、それ以外は出社するというパターンである。

アメリカでは、より多くの人がテレワークを経験した。総務省の調査によれば、新型コロナウイルス感染症の拡大後に一度でもテレワークをした経験がある人は57・9％に上っている。もともとアメリカ企業のテレワーク導入率は高い。２０１５（平成27）年にはアメリカの85％の企業が、テレワークを導入しているというデータがある。

新型コロナ禍でテレワークになった若者たちは、町中から郊外の広い家に引っ越した。町中に住む人が減ったため、閉店する店が増えた。結果的に町中は荒廃した。２年前にサンフランシスコに行ったとき、中心地ユニオンスクエア周辺の裏道には、多くのホームレスがいることに驚いた記憶が新しい。

日本のサラリーマンは会社と家庭の板挟み

あるアメリカ人の友人から聞いた話である。その人の息子さんは、アメリカの巨大IT企業に勤めている。テレワークになって、町中から郊外の豪邸に転居した。心地良い生活に慣れて、再び町中には戻りたくない。会社にはできるだけ行かないようにしているという。

ところが、企業側は、すべてテレワークだけでよいとは思っていない。ある巨大IT企業は、最低週2日は出社するよう社員に働きかけている。週4日の出社を義務づけて、労働組合と係争中のIT企業もある。IT企業にとっても、時に「フェイス・トゥー・

フェイス」のコミュニケーションが重要だからである。
実はテレワークについて、日本人のとらえ方はアメリカとは多少異なる。日本では、「リモートが便利なことはわかった。でもリモートでは、できないことがたくさんあることもわかった」という言い方をすることが多いのである。
新型コロナ禍のときに、会社は社員に、できるだけ出社しないようにと言った。日本の住宅事情は在宅勤務に向いていない。そこで多くの会社員は、住宅事情と会社都合の板挟みになった。２０２０（令和２）年の「サラリーマン川柳」の第1位を獲得した珠玉の川柳がある。

「会社へは　来るなと上司　行けと妻」

アメリカでは郊外の広い家に引っ越す。だから、テレワークのほうが快適である。それに比べて、日本の住宅は狭小だ。ある住宅メーカーが、それまで「納戸」としていた部屋を「在宅勤務ルーム」と名前を変えたとたん販売好調になったという。日本では、

理想的な出社率

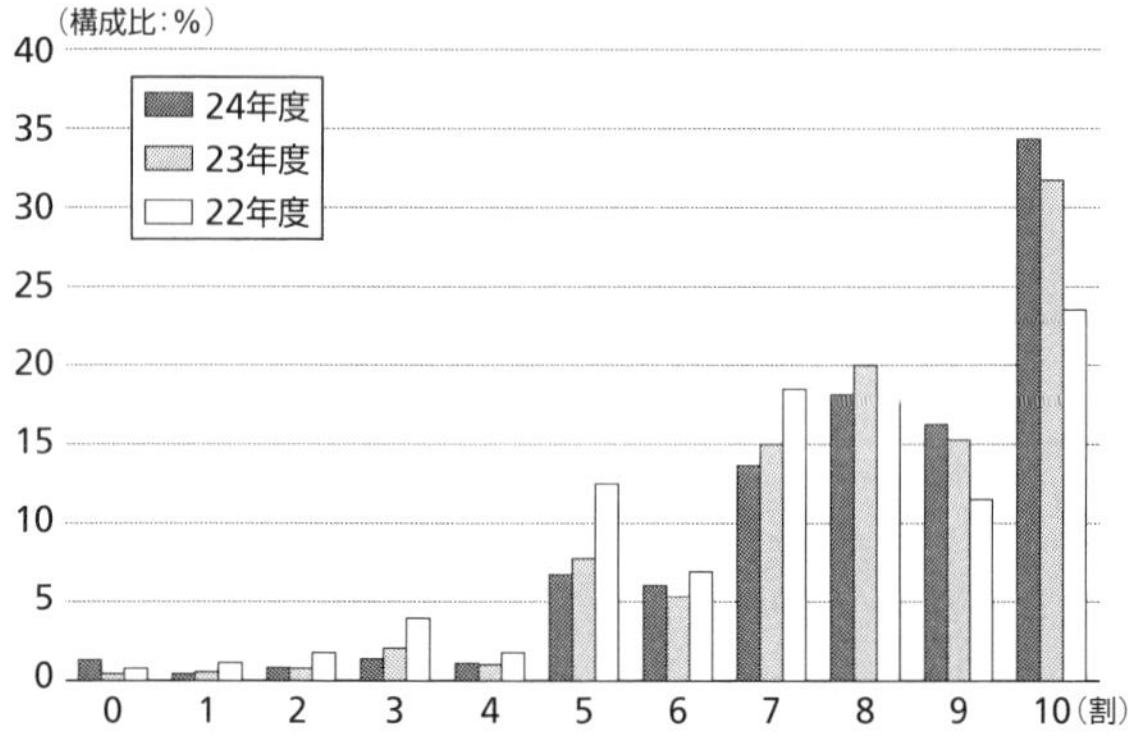

注：資本金10億円以上の大企業　723社が回答

出典：2024年度設備投資計画調査（日本政策投資銀行）
https://www.dbj.jp/pdf/investigate/equip/national/2024_summary.pdf

広い家に転居することは難しい。日本の住宅事情では、在宅でテレワークをするには困難があるのかもしれない。

会社が考える「理想的な出社率」は？

在宅勤務が可能かどうかは、一つには仕事の性質に依存する。例えば、原稿やソフトウエアを一定の期日までに仕上げるという仕事であれば、在宅勤務でも十分できる。しかし、いろいろな人と相談しながら行う仕事は在宅だけでは難しい。

日本政策投資銀行は、「理想的な出社率」という興味深い調査結果を発表している。日本の大企業に聞いたところ、３

割以上の会社が「理想的な出社率」は「１００％」と回答しているのである。デジタル先進企業である著名な大企業でも、基本的に社員の出社が義務づけられているという。

メンバーシップ型雇用か、ジョブ型雇用か

もう一つは、仕事の仕方に依存する。よく言われるように、「メンバーシップ型雇用か、ジョブ型雇用か」という問題である。「メンバーシップ型」とは、人に対して職務を割り与える雇用形態、「ジョブ型」とは職務に対して人材を割り与える雇用形態である。

職務を限定せずに、新人を一括採用する日本の雇用形態は、「長期雇用・年功賃金」に象徴される「メンバーシップ型」といわれる。メンバーシップ型では、同じ場所で、一緒に仕事をすることが好まれる。会社に対する忠誠心や帰属意識が求められる、というべきかもしれない。

日本政策投資銀行の調査によれば、２０２４年8月時点で、ジョブ型雇用の導入を行った企業は、大企業２・８％、中堅企業１・７％に過ぎない。日本では仕事の仕方が従

来とそれほど変わっていない。だから在宅勤務がそれほど増えないのである。

ハイブリッド勤務で生産性は上昇する

仮に私が会社の社長であっても、社員には出社を求めるだろう。なぜか。それは今の労働法制では、原則として働きぶりを労働の「時間」で評価するシステムになっているからである。出社してもらわないと時間管理はできない。

在宅で自己管理という方法もあるかもしれない。しかし出社した場合と同じように時間管理ができるかどうかは疑問である。

「時間」ではなく仕事の「成果」で評価できるような給与システムであれば、出社を求める必要はない。どこにいても、どこで仕事をしてもかまわない。ある企業に勤めている知人は、ほとんど出社しないという。

たまに出社しても、自分専用のデスクはない。いわゆる「フリーアドレス」である。業務や気分、あるいはチームに応じてデスクを移動して働く。徹底した成果主義なのである。ちなみに、どこで仕事をしているのかと彼に聞いたところ、「スタバにいることが多い」とのことだった。

出社とテレワークを組み合わせるハイブリッド勤務を採用した職場では、仕事の生産性を維持したまま離職率を3分の2に減らすことができる、というアメリカの実証研究もある。在宅勤務で生産性が低下するわけではない、ということである。

すなわち、現状のメンバーシップ型雇用形態は日本に吹く追い風を遮る壁になっている。ジョブ型雇用形態とうまく組み合わせる。日本型の仕事のやり方をつくり出していく。前向きな試みの中から日本の可能性が見えてくる。

国からの「補助金」頼み——壁②

日本企業のIoT・AI活用率は低い

ささやかな追い風を遮る2つめの壁は、「補助金」である。必要な補助金ももちろんあるが、いくつかの補助金は日本の本来あるべき姿を歪めている。私はそう考えている。

日本政策投資銀行が行ったアンケート調査がある。IoTやAIに関心があるかどうかを日本の中堅企業に聞いた調査である。IoT（アイ・オー・ティ）とは、さまざまなモノがインターネットにつながる仕組みのこと。インターネット・オブ・シングス（Internet of Things）の頭文字を並べてつくられた言葉で、「モノのインターネット」である。

調査結果から、ショッキングな現実が浮かび上がっている。「活用予定はなく、関心も高まっていない」と答えた企業が3割に上っているのである。「活用している」と答えた企業は11・3％に過ぎない。愕然《がくぜん》とする数字である。

「中堅企業」とは、資本金3億円以上・従業員数301〜2000人の企業で、国内に約9000社。東京証券取引所上場国内企業の約4割を占めている。同じ質問に対して大企業の回答は、「活用予定はなく、関心も高まっていない」15・6％、「活用している」30・4％だった。「大企業」とは、資本金3億円以上・従業員数2001人以上の会社で、約1300社ある。

大企業でのIoTやAIの活用率が3割、というのも決して高くはない。日本には、資本金3億円以下・従業員数300人以下の「中小企業」が336万社ある。データは手元にはないが、中小企業のIoT・AI活用率はさらに低いのだろう。

中小企業の生産性を10％上昇させると……

日本企業のほとんどすべて（99・7％）は中小企業である。中小企業は、GDP（国内総生産）の約5割を占め、日本全体の雇用の7割を抱えている。

とりわけ地方圏では、中小企業の存在感は大きい。企業数で全企業数の99・9％、従業者数で85％を占めている。地方の中小企業というと、小さな町工場をイメージするかもしれない。しかし、現実には、中小企業の約8割は非製造業である。農林水産業、鉱業、建設業、電気・ガス業、陸運業、小売業、不動産業、サービス業などである。

地方の中小企業のデジタル化は、とりわけ遅れている。それはIoTやAIの活用率が低いことからも明白である。逆に考えれば、地方の中小企業の「伸びしろ」は大きいことになる。トヨタなどの大企業の生産性を10％上げるのは難しい。しかし地方の中小企業の生産性を10％上げるのは、さほど困難なことではないだろう。

仮に、中小企業の生産性を10％上昇させることができたとする。単純計算すれば、それだけで日本のGDPは5％成長を達成できる。2024（令和6）年の日本のGDP成長率は0・1％だった。ということは、5・1％成長できることになる。もしも毎年5％成長すれば、10年後のGDPは1・6倍、20年後には2・7倍になる。

補助金が地方中小企業を「ゾンビ化」させている

地方の中小企業は日本経済にとって大きな意味を持つ。しかし、中小企業はなかなか動こうとしない。なぜか。その一つの大きな理由は、国からの補助金が出ているからである。補助金があるため、ある種の企業は頑張らなくても生き残ることができる。

日本には、数多くの中小企業者向け補助金がある。中小企業にとって補助金は「当たり前」の制度になっている。『補助金ガイド』を年4回発行して、起業家・経営者向けに無料配布している企業があるほどである。

中小企業庁が発行している「2024年度版中小企業施策利用ガイドブック・補助金助成金一覧・索引」には「あ」行の「IT導入補助金」から「ろ」行の「65歳超雇用推進助成金」まで、300を超える補助金・助成金が並んでいる。

冒頭にはこう書かれている。

「本ガイドブック掲載のうち、事業者向けの主な補助金・助成金をピックアップしました。こちらで見つからないものは、本ガイドブックの索引よりご確認いただくか、補助金・助成金を所管する府省庁や自治体、実施機関等にお問い合わせください」

すべてではないが、今やかなりの数の中小企業はいわば「補助金頼み」である。その弊害も大きい。最もわかりやすい例は、「雇用調整助成金」である。事業の継続は難しく、高い給料も払えない。できれば従業員を解雇したい。そういう企業に対して、雇用を守るという趣旨で提供される補助金である。

言い方はきついかもしれないが、補助金漬けになることによって、一部の会社は「ゾンビ企業」になっている。そして従業員の給料は上がらない。安い給料のまま、従業員はその会社に取り残される。

企業と人の移動で経済は活性化する

だからこそ、今「労働市場改革」が必要なのである。自民党の総裁選挙で小泉進次郎氏がそれを唱えたが、世論は十分に反応しなかった。しかし、多くの経済界人は、それが必要であることがわかっている。こんな当たり前のことがなぜ通らないのか。そう言っている経営者は多い。

都会の企業に勤めている人であれば、転職機会はあるかもしれない。しかし雇用調整助成金でかろうじて命脈を保っているような地方の「ゾンビ企業」の社員は、そこで解雇されるといつまでも次の行き先が見つからない。

しかし企業も労働者も、ある場所に固着しなければならないわけではない。良い労働者が多くいる地域には、他の企業が進出するかもしれない。これは「ニワトリと卵」の関係と似ている。もちろん、解雇された人が東京や大阪、東北であれば仙台のような地方中核都市で職場を見つけることもできる。日本は人口減少社会になっているからである。いわゆる人の「モビリティ」である。

補助金の全てではないが、ある部分は追い風を遮る壁になっている。不要な補助金は廃止する。それが人や企業の移動を促すことになる。これからの日本経済や地方経済を活性化するために必要なことである。

生産性を下げている「農地法・農協法」——壁③

農業と国家戦略特区

日本に吹く風を遮る3つめは、農業に関する壁である。

昭和30年代に日本では、「三ちゃん農業」という言葉が流行語になった。「爺ちゃん」「婆ちゃん」「母ちゃん」の3人で農業経営を行う農家の状況を指した言葉だった。「父ちゃん」は勤め人の、いわゆる兼業農家である。

零細農家の多くは補助金で成り立っている。農業人口の高齢化で、担い手不足が深刻になっている。どうすればいいのだろうか。答えは簡単である。農地の規模をある程度まとめること。そして、デジタル・テクノロジーを導入することである。

この2つを実現することは、「三ちゃん」農家にとってはハードルが高すぎる。どうすればいいのか。資金やテクノロジーを有する企業が、農地を持つことができる仕組みをつくることである。企業が農業を行えば、テクノロジーを導入して、生産性を上げることができる。農業の現場で働く人の所得も増える。

実は、そのために「国家戦略特区」制度がつくられている。それを最初にうまく活用した自治体がある。兵庫県養父《やぶ》市である。養父市は、当時の広瀬栄市長のリーダーシップで、2013（平成25）年に、全国の自治体に先駆けて「農業委員会と市町村の事務分担」についての「特区」活用を行った。

「農業委員会と市町村の事務分担」とはどういうことなのか。簡単に説明しよう。内閣府のホームページ「国家戦略特区」には次のように書かれている。

「農地の流動化を促進する観点から、市町村長と農業委員会との合意の範囲内で、農業委員会の農地の権利移動の許可関係事務を市町村が行うことを可能化」

なぜ農地の売買が困難なのか

現在は、一般の企業が農地を取得することはできない仕組みになっている。農業委員会の許可がなければ農地の売買ができないし、また「農業法人」という特殊な法人でなければ農地所有ができないのだ。そこで特区ではまず、「市町村長が農地の売買を許可できるようにする」ということである。

農業委員会の許可なしに農地の売買ができないという仕組みは、太平洋戦争後につくられた。戦前は、一部の大地主が土地を所有し、小作人に貸し与えていた。封建的なシステムである。戦後民主主義の理念にそぐわないと考えられた。そこで、農地を細分化して小作人に分け与えた。農地解放である。

細分化された農地が、再び大地主に買い占められることになるかもしれない。そこで、農地の売買を厳しく制限した。地元の農民で構成する「農業委員会」の許可なしには、農地を売買することができなくなったのである。

このシステムは、戦後の農業の民主化には大いに役立った。しかし、それからすでに80年が経過している。時代は大きく変化した。農業は国内の食料を供給するとともに、世界と競争しなければならない段階に入った。生産性の上昇が急務となっているのである。

次に特区で可能になったのは、先に示した農業生産法人以外の通常の企業（株式会社）でも、（条件付きではあるが）農地を所有することである。ここで農業生産法人とは、株主の過半が「農民」であることが条件になっている。要するに、農業をやってきた人しか、農地を持てないという、なかなか凄い仕組みである。

これでは資本やテクノロジーを持つ一般の会社は、農地を所有して農業に参入することなどできない。だが特区の仕組みの中では、株式会社の農地所有が可能になる。この特区の制度も、広瀬市長の英断で養父市では可能になった。

しかし残念なことに、他の自治体でこれに続く動きは出てこない。地元の農業関係者が強く反対し、首長が勇気を持った決断ができないからである。

コメ不足は減反政策の弊害

農業生産性の向上は、考えるまでもない当たり前のことである。どの国を見ても、地方の主力産業はやはり農業だ。したがって農業の活性化は、まさに地方創生の基本でなければならない。

しかし、農業の改革に対しては猛烈な反対がある。なぜか。一部の政治家が今の農業を守ることによって、支持を得ているからである。「水田を守る」のではなく「票田を守る」と揶揄《やゆ》されるゆえんである。

細分化された農地の持ち主は、それぞれが「1票」を持っている。農地がある程度集約されるということは、それだけ「票田」が減ることを意味する。だから一部の政治家は、農業生産性を高めることに反対している。

食糧安全保障や食糧自給率を考えても、農業の生産性を上げることは、日本にとって急務である。2024（令和6）年にはそれが典型的に表れた。「コメ不足」である。実は、「コメ不足」には明確な理由がある。減反政策である。

1960年代半ばごろから、コメが余り始めた。日本人の所得が上昇するにつれて、食生活が変化して、コメ需要が徐々に減少したからである。生産（供給）が一定で、需要が減少すれば、価格は下がる。コメの価格が下がれば、コメ農家が困る。そこで、コメの価格を維持するために、生産量を調整することにした。そこで1970（昭和45）年から、減反政策が始まった。

具体的には、コメの生産を中止した水田に「補助金」を出した。コメの生産は調整され、それによって休耕田が荒廃した。減反政策は2018（平成30）年に廃止されたことになっているが、事実はそう簡単ではない。荒れ放題になった休耕田を、もとのような肥沃な田んぼに戻すことはなかなか難しい。

未来がある農業にするために必要なこと

コメの値段は需給によって変動する。日本の人口も減少するので、コメの生産をどのくらい増やす必要があるかはわからない。しかし、少なくとも政府がコメの需要を管理することはできない。そもそもどの分野でも、政府の需給調整など成功した例《ため》しがない。

地球上の人口は増え続けている。世界的に見れば食糧が不足することは明らかである。コメの生産性を上げる。必要なものは政府が買い上げて援助する。そういう方法もあることを忘れてはいけない。

もう一つ指摘しておきたいことがある。それは、農業の後継者についてである。なぜ農業の後継者が少ないのか。それは、現在のままでは農業に未来がないことがわかっているからである。未来がある農業にするためにはどうすればいいのか。

もっと自由にいろいろなことに挑戦できるような仕組みにすることである。例えば、ファンドからの出資で、農業に取り組む新しい法人をつくることができるようにする。それが可能になれば、若い農業起業家がもっと出てくると思う。

農協依存販売から生産履歴付きの農産物へ

日本の農業に縛《しば》りをかけているもう一つの法律がある。終戦直後の１９４７（昭和22年）に制定された農業協同組合法（農協法）である。農業者の協同組織である農業協同組合（農協）は農協法の下で活動している。ここで、「農業者」とは、主に農業に従事する主体を指す。

農協法で、農協は、組合員の農業経営や技術向上に関する指導など15の事業を行うことになっている。その一つに、「組合員が生産する物資の運搬、加工、保管や販売」がある。つまり、農家の生産物は農協が買い上げて販売することが定められている。

農家が生産するコメや野菜を、農協が買い上げる。農家にとっては、販売を心配することなく生産できるというメリットがある。ローリスク・ローリターンの世界である。

しかし、現実は安値で買いたたかれることになる。

リスクはあるかもしれないが、青果店やスーパーに直接卸すことができればもっと高値で売ることができ、農家の所得を増やすことができる。

農協による農産物買い上げのシステムは、現在はかなり崩れつつある。例えば、スーパーマーケットなどでは、産地や農業生産者の名前や顔写真付きラベルが貼られた農作物が販売されている。誰が、どこで、どのように栽培したかがわかる、生産履歴付きの農産物を好む消費者も少なくない。

住専問題での公的資金投入は間違っていた

農家の農協依存販売からの脱却は進んでいるように見える。しかし、農協は依然として強い力を保持している。それは、農協が金融機能を持っているからである。

農協法には、「組合員の事業または生活に必要な資金の貸付け」や「組合員の貯金または定期積金の受入れ」「組合員の事業または生活に必要な物資の供給」などが「事業」として掲げられている。

話は30年前にさかのぼる。1995（平成7）年9月に、大蔵省（財務省）の立ち入り検査で、住宅金融専門会社（住専）8社の不良債権が8兆4000億円に上ることが判明した。

住専とは、1970年代に大手銀行や農林系金融機関が出資して設立した金融機関である。住専は、地価が上昇したバブル期に不動産向けの融資を拡大した。そのため、バブル崩壊後に不良債権が膨らみ、住専各社は自力で処理できなかった。

1996（平成8）年に「住専処理法」が成立した。住専の母体行が債権を放棄し、負担能力を超えた分を税金で穴埋めした。結果的に6850億円の公的資金が投入された。いわゆる「住専問題」である。これは、明らかに間違った政策だった。

決済システムを守るために行う公的資金注入

なぜか。それは、どのようなケースで公的資金を出すべきなのかを考えればすぐわかる。例えば、ある会社が資金繰りがうまくいかず倒産しそうだという。そういうときに公的資金を投入するだろうか。そんなことはあり得ない。

では、ある銀行が経営危機に瀕したときにはどうだろうか。状況にもよるが、公的資金を注入したほうがいい場合もある。その銀行を救うためではない。銀行になぜ公的資金を注入するのか。それは、銀行が社会の決済システムを構成しているからである。

不特定多数の人が預金する。給料が振り込まれる。口座からクレジットカード利用分の金額が引き落とされる。銀行が倒産すると、社会の決済システムが崩壊する。決済システムを守るために公的資金を注入するのである。その代わり、経営陣は責任をとって退陣する。そういうルールになっている。

そう考えると、住専への公的資金注入が間違った政策であることがわかる。住専は不特定多数の人から預金を預かっている機関ではないからだ。では、なぜ公的資金を注入したのか。住専への出資額が、最も多かったのが農協だったからだ。簡単にいえば、農協を守るために公的資金が注入されたということである。

当時私たちは、住専への公的資金注入に反対した。農協を守るためであれば、金融庁ではなく、農水省が行うべきだ。それであれば、ある程度話の筋道が通るかもしれない。だが、曖昧《あいまい》なままに公的資金が注入された。

こうした筋の通らない公的資金のため国民の不信が広がり、その後、銀行への公的資金の注入が難しくなった。決済システムを守るために公的資金が必要なときに後手に回ってしまったという、苦い経験をすることになった。

族議員というやっかいな存在

住専に公的資金が注入された背景には、政治がある。政治と経済は密接に絡《から》み合っている。日本の政治は、「田んぼ1枚が1票」の世界で成り立っている。極論すれば「1票」を守るために、住専に公的資金が注入されたということである。

なぜそういうことが起きるのか。ここでは「族議員」という言葉に焦点を当ててみよう。

「族議員」とは、ある種の国会議員に対する俗称である。

彼らは、特定の政策分野では非常に深い知識を有している。現実には関連業界の利益を擁護《ようご》し、代弁者の役割も果たす。特定の政策分野に関連する省庁の政策決定に、強い影響力を及ぼす。

「族議員」が特に多いのは、実は参議院である。それは、参議院には全国比例区の投票があり、日本全体が選挙区になる。そのため、全国的な支持基盤を持つ組織に支えられた候補者が有利になる。圧倒的に多いのは、農協と郵政だ。農協も郵政も全国組織だからである。

族議員たちは表立った活動は控えている。彼らは、農協や郵政の政策のためだけの活動をするわけではない。

選挙のたびに候補者の応援に出向いて、他の議員に恩を売る。そして、農協や郵政についての不利益になる法案が出たときに反対票を投じるよう依頼する。族議員とはそういう存在である。

第三章　日本再生への3つの羅針盤

追い風を活かすような改革……それを阻む壁は厚い。しかしそれでも今、日本経済を再活性化する新しい流れが垣間見える。こうした流れを加速できるかが、政府や企業の課題である。

この章では、再生の可能性を示唆する3つの点を取り上げている。デジタル化を思い切って活用する新しいタイプのビジネス、富裕層を狙ったマーケットを開拓すること、そして東京をさらに強くするという点だ。地方創生との関係で東京の一極集中を非難する向きもあるが、世界的な都市の時代にあって、東京は日本の明確な「キラー・コンテンツ」である。

デジタル化を活用したビジネス
――羅針盤①

JR九州と中国アリババグループとの戦略的提携

日本でキャッシュレスがようやく進み始めた。それを契機に、いろいろな新しいことができるようになっている。キャッシュレス化の先には、デジタルマーケティングがある。そのわかりやすい事例を紹介しよう。観光での活用である。

2018(平成30)年7月、JR九州は中国のアリババグループ(阿里巴巴集団)と戦略的提携を結んだ。中国人観光客の送客と九州域内消費の拡大を通じて、九州地域経済の活性化を図《はか》ることが目的だった。そのための手段は2つ。

一つは、アリババグループの旅行サイト「フリギー」で、九州の魅力を発信して、効果的な誘客を実施すること。もう一つは、中国で6億人以上が日常的に利用する「アリペイ」の利用環境を整備して中国人訪日観光客の消費の拡大を図ることだった。

新型コロナ禍の前の2019（令和元）年、日本を訪れた外国人観光客は3188万人。そのうち中国人観光客は959万人（全体の3割）だった。

博多港にクルーズ船で訪れる中国人観光客

九州の玄関口である博多港には、多くの中国人観光客を乗せたクルーズ船が、月に20回ほど来航する。5000人以上の乗客を乗せたクルーズ船もあり、博多港には100台以上の観光バスが並ぶ。

中国人観光客が大挙して訪れる九州の経済は、さぞかし潤《うるお》っているのだろうと思われがちである。実際は当初そうではなかった。中国人観光客が九州に落とすお金は、当初それほど多くはなかったからである。海上ホテルといわれるクルーズ船の旅では、宿泊と食事は船内で完結するため、寄港地での消費は多くないといわれていた。実際に中国人観光客が、九州でどのくらいのお金を使っているのかはよくわからなかった。

キャッシュレス化が進む中国では、誰が、どこで、何を買ったのかという膨大なデジタルデータが蓄積されている。アリババグループが調べたところ、博多港のドラッグストアで買い物をする程度で、中国人観光客は九州内でほとんどお金を使わず、そのまま本州に向かっていたことがわかった。

豪華寝台列車「ななつ星in九州」とアリペイ

ＪＲ九州は、アリババグループとの提携の具体策の一つとして、旅のモデルルートの提案や「Ｄ＆Ｓ列車」等の提供を挙げている。「Ｄ＆Ｓ列車」とは、九州を走る特別仕様の列車である。博多周辺にとどまっていた中国人観光客に、九州全土を観光してもらうための企画だった。

「Ｄ＆Ｓ列車」等の一つが「ななつ星in九州」である。「ＴＲＡＩＮ ＳＵＩＴＥ四季島」（ＪＲ東日本）、『ＴＷＩＬＩＧＨＴ ＥＸＰＲＥＳＳ瑞風」（ＪＲ西日本）と並ぶ三大豪華寝台列車の一つであり、「乗るホテル」ともいわれている。「ななつ星in九州」の旅には、「1泊2日九州周遊コース」や「3泊4日霧島コース」などがある。料金は65万円から170万円と高額である。

「ななつ星in九州」のチケットは、なかなか手に入りにくいといわれている。ＪＲ九州は「ななつ星in九州」のチケットの一定割合を、アリペイに割り当てることにしたのである。

「関空へはラピートが、はるかに便利」

ここで注意しなければならないことが2つある。一つは、「ななつ星in九州」のチケットの一定割合をアリペイに割り当てるということは、その分だけ日本人が利用できなくなることを意味する。つまり日本人が不利益を被《こうむ》る。オーバーツーリズム（観光公害）による弊害の一つである。

可能な限り、オーバーツーリズムは避けたほうがいい。しかし外国人観光客によって、日本人が一定程度の不利益を被ることは許容しなければならない。それは観光立国のコストだからである。もちろん、「一定程度」に収めるための対策は必要である。例えば、中国人観光客の受け入れを一定程度に決めているホテルもある。そうすることによって、日本人客からの評判が悪くなることを防いでいる。

一方で、そのような制限をまったく設けていない地域もある。例えば、大阪のミナミである。難波は中国人観光客であふれかえっている。「漁夫の利」を得たのは南海電鉄だといわれている。関空から難波まで特急「ラピート」を走らせている。JR西日本は「特急はるか」。南海電鉄の宣伝に使われたキャッチコピーは「関空へはラピートが、はるかに便利」。実によくできていると思う。

最新テクノロジーとデータプライバシー

もう一つは、中国のように、誰が、どこで、何にお金を使ったかというデータが取れるようにすることがいいことなのかどうかという問題である。日本では、それについての反発は大きい。個人としては、お金の使われ方を知られたくない、と思うのは当たり前のことである。

そこで、キャッシュレス化によって集積されるビッグデータを活かすために、個人の情報を隠したうえで、データだけをうまく使えるような仕組みを日本がつくっていく必要がある。

例えばグーグルは、最新テクノロジーを使って、カナダのトロントを最先端のスマートシティーにしようとした。彼らは強気に、「トロントをグーグル化する」とまで言った。しかしグーグルはやりすぎの面があり、結果的にそれは実現しなかった。データプライバシーの問題で、住民の反対が強かったからである。

中国には「データプライバシー」という概念がほとんどない。だから当面中国は強くなるともいえる。そこで、自由な資本主義よりも国家資本主義のほうがいい、というような極端な議論をする人も出てくる。しかし、決して日本にとっての正解とはいえない。

プラットフォームは「ウイナー・テイク・オール」の世界

ソフトウエアやハードウエア、サービスなどを動かすための基盤を「プラットフォーム」と呼ぶ。その基盤の所有者を「プラットフォーマー」と呼び、グーグルはその一つである。

実は、「プラットフォーマー」に対する敵意を抱いている人も少なくない。なぜか。それは、プラットフォームは「ウイナー・テイク・オール」の世界だからである。「プラットフォーム」ができると、それに対抗することはなかなかできない。プラットットフォーマーの一人勝ちである。例えば、私たちがグーグルで検索する。その瞬間にグーグルにお金が入る。そういう仕組みになっている。

しかし気がつくと、大規模なプラットフォームはアメリカにしかない。ヨーロッパにも日本にも、グーグルクラスのプラットフォームは存在しない。したがって、アメリカは徹底的に自由な環境をつくり、こうしたプラットフォーマーを支援しようとする。これに対しヨーロッパは警戒して、規制を強化する傾向がある。日本は、アメリカとヨーロッパの中間にある。

その日本の国際収支においては、多額の「デジタル赤字」が計上されている。「デジタル赤字」とは、デジタル関連のサービスや商品の輸入額が輸出額を上回って貿易収支が赤字になる状態を指す。

デジタル化が遅れていた日本でも、キャッシュレス化が進み始めて、デジタルマーケティングもできるようになってきた。しかし、それは結局のところアメリカのプラットフォームを使ってのことである。ということは、デジタル化の進展によって、日本のデジタル赤字はさらに拡大する方向にある。

プラットフォームの上で新しいビジネスをつくっていく

ここで2つのことを指摘しておきたい。一つは、「貿易赤字」は必ずしも悪いことではないということである。日本の「貿易赤字」は海外から「搾取」されていると考えるのは、必ずしも正しいとはいえない。多くの商品やサービスが輸入されるということによって、人々はより便利になり、豊かに暮らすことができるようになるからである。

もう一つは、「デジタル赤字」が今後も続くことを覚悟することだ。覚悟のうえで、そのプラットフォームの上で新しいビジネスをつくっていく。そういうことを日本はやっていかなければならない。

一例を挙げよう。Sansanという会社がある。2007（平成19）年に設立された従業員約2000人のIT企業で、東京・渋谷区に本社を置く。設立当初は、名刺管理の箱のようなシステムをつくっていたという。その後、管理した名刺を人工知能（AI）に読ませて分析した。その結果、それぞれの名刺の持ち主の特性が明確になり、その情報が集積された。そのデータは人事評価で使えるようになり、さらには、人材紹介にも使えるようになる。そういう具合に、新しいビジネスを生み出すことができる。

ＤＦＦＴ――信頼性のある自由なデータ流通

日本は、デジタル化にアクセルを踏まなければならない。今は遅れているからこそ、日本のデジタル化は有望だからである。ただし、何でも自由というわけではない。また、徹底した国家管理をすべきでもない。ある種の条件を付けたうえで、デジタル化にアクセルを踏むということである。

それがデータの「Free Flow with Trust」という考え方である。ＤＦＦＴ（Data Free Flow with Trust：信頼性のある自由なデータ流通）と呼ばれる。２０１９（平成31）年1月にスイス・ジュネーブで開催された「ダボス会議」（世界経済フォーラム年次総会）で、当時の安倍総理が提唱した。

かつて経済成長の源泉はエネルギー、具体的には石油だった。今や経済成長の源泉はデータである。したがって、そのデータは「自由」（フリー）に使えるようにして、経済成長のエンジンにする。それには、データをどう活用するかが重要だということである。

ただし、データの使用には「信頼性」（トラスト）がなければいけない。フェイクのデータもあふれている。個人を特定できるような情報は使ってはいけない。ＤＦＦＴは、そういうルールをつくろうというコンセプトだった。

ＤＦＦＴは２０１９（令和元）年６月の「G20大阪サミット」でも各国首脳からの支持を得て、首脳宣言に盛り込まれている。問題は、ＤＦＦＴで提唱した日本が世界に先駆けて実施できていないことである。

富裕層ビジネス――羅針盤②

ヤンキースタジアムの「レジェンドスイート」は1000ドル超

新しい可能性としての富裕層ビジネスに、ようやく日が当たるようになってきた。「富裕層ビジネス」は金持ち優遇だという批判を受けることも少なくない。しかし、社会のメカニズムとして、お金を持っている人にはそれなりに使ってもらう。そういう姿勢は大事なことである。

もちろん富裕層ビジネスだけで、日本経済全体が再活性化するわけではない。しかし、ここで紹介するような成功例が波及して、さまざまな新しい試みが生まれてくる起爆剤にはなる。新しい動きという意味でのメッセージ性はある。

一つは、プロ野球の観戦チケットの例である。

日本の東京ドームの観戦チケットは、最も安い立見席で1500円、指定席で2000円からである。最も高価な「レジェンズシート」で1万5000円。その差は約10倍である。

一方、アメリカのヤンキースタジアムでは、最も安い観戦チケットは外野席で12・89ドル。1ドル150円で換算すると1933円。東京ドームの観戦チケットとほぼ変わらない。それに対して、1階内野席最前列エリア（ベンチ上付近）のプレミアムシートは931ドル（13万9650円）で、1000ドルを超える「レジェンドスイート」もある（近年はさらに高額になっている）という。その差は72倍になる。

レジェンドスイートは、野球場内の貸し切りの部屋。ベランダがついていて、そこではもちろん野球観戦ができるが、付属レストランから運ばれてくる食事を室内で楽しむこともできる。富裕層はそこでゆったりと観戦する。一方で若い人は、外野席かもしれないが、安価で野球を楽しむことができる。そういうシステムになっている。

温泉につかりながらプロ野球観戦はいかが?

富裕層にはたくさんお金を払ってもらい、普通の人には普通に楽しんでもらう。そのような施設が、日本でもようやく定着しようとしている。2つの事例を紹介しよう。

一つは、北海道日本ハムファイターズのホームグランドの「エスコンフィールド」である。札幌市郊外の北広島市にある、北海道ボールパークFヴィレッジの中核施設である。周辺一帯が、アミューズメントパークになっている。

エスコンフィールドにもスイートルームが設けられている。室内で、フランス料理のフルコースを堪能できる。ネット裏のスイートルームは2部屋あり、価格は年間3000万円だという。海外での同じような施設であれば、1億円ほどするという話である。

また、エスコンフィールドのレフト側ポール際には、5階建て複合型施設「TOWE

R11」（タワー・イレブン）が設けられている。メジャーリーガーのダルビッシュ有投手と大谷翔平選手が、日本ハム在籍時につけていた「背番号11」にちなんで命名された。TOWER11の4階と5階は全12室のホテルになっている。野球観戦ができる部屋もある。3階には温泉施設があり、サウナを楽しみ、温泉につかりながら野球観戦ができる。宿泊者のみが利用できる屋上でも、また試合を観戦できる。

名古屋「IGアリーナ」とネーミングライツ

もう一つは、名古屋の「IGアリーナ」である。「愛知県体育館」の建て直し施設で、2025（令和7）年7月開業の予定だ。収容人数1万7000人の国内最大級のアリーナである。「IGアリーナ」にも世界標準の「スイートルーム」が設置されている。

海外の多くのアリーナには、10〜20のスイートルームが設置されている。それを高額で販売する。愛知県体育館の建て替えの際に、「スイートルーム」の設置に懸念を表明した団体があったという。日本相撲協会である。愛知県体育館は毎年7月の「大相撲名古屋場所」の開催場所でもある。

神事としての歴史を持つ大相撲に、スイートルームはそぐわない。そういう理由だった。ところが、出来上がりつつある施設を見て考えが変わったらしい。「ＩＧアリーナ」での「名古屋場所」継続が決まった。

「愛知県新体育館」の命名権（ネーミングライツ）を販売した。買ったのは「ＩＧグループ」である。「愛知県新体育館」は「ＩＧアリーナ」になった。「ＩＧグループ」は日本を含む世界19拠点で事業を展開するイギリス企業で、金融オンライン取引サービスのプロバイダーである。

報道によると、ネーミングライツは「10年間・70億円」。円安とはいえ、30年で総額210億円。愛知県からの補助金も考慮すると、民間投資の大部分はネーミングライツだけで回収できるという計算になる。

南房総市の会員制サーキットは完売

富裕層ビジネスを、もう一つ紹介しよう。

千葉県南房総市の「ＴＨＥ ＭＡＧＡＲＩＧＡＷＡ ＣＬＵＢ」（マガリガワ・クラブ）

である。「マガリガワ」という名前は、漢字の部首「巛」（マガリガワ）に由来する。内房の富浦から山側に少し入った富浦町居倉に、2023（令和5）年7月にオープンした。

開発したのは、コーンズ・アンド・カンパニー・リミテッド社。フェラーリ、ランボルギーニ、ポルシェ、ベントレー、ロールスロイスなど超高級車の正規ディーラーで、香港に本社を置く。

THE MAGARIGAWA CLUBは、全長は約3・5キロメートルのドライビングコースを持つ会員制サーキットである。私有地であるため速度制限はない。スポーツカー好きのお金持ちにとっては垂涎《すいぜん》の施設だろう。併設のクラブハウスには、レストランや温泉、サウナ、プールなどの娯楽施設などがある。

THE MAGARIGAWA CLUBの正会員権価格は3600万円。年会費22万円。300口分の会員募集をしたところ即完売だった。会員数は上限500名。コース利用日数などに制限のある「アソシエイト会員」は、入会金400万円、年次諸費用105万円。コース利用料として半日1・1万円（ゲストドライバーは5・5万円）。

「宿泊棟」（オーナーズパドック）は、250平米から500平米を超える広々としたコテージで、価格は約2億6000万円から約8億円。開業時に販売した5棟は即完売したとのことである。

キャピタルオーナーシップとウインブルドン現象

THE MAGARIGAWA CLUBのオーナーは香港資本である。高額な会員権を購入し、コテージを購入している多くは日本人である。そうだとすると結局のところ、日本のお金が海外に流出してしまうのではないかと訝《いぶか》る人もいるかもしれない。

しかし、「お金が出ていく」ということと、誰が資本を持っているかということはほとんど関係がない。例えば、ソニーやシャープは日本企業である。しかし、株式の半分以上は外国の企業やファンドなどが保有している。

「ウインブルドン現象」という言葉がある。イギリスでは、金融の中心である「シティ」を大きくするときに外資を大量に入れた。外国資本でいいのかという反対の議論もあった。そのときに「ウインブルドン現象」という言葉が使われた。

世界の4大テニス大会の一つ「ウインブルドン選手権」では、かつてイギリス人選手が大活躍した。近年は外国人選手が優勝することが多くなった。優勝賞金は外国人選手が獲得する。イギリスの国益に反するのではないかという批判が出た。

しかしウインブルドン選手権には、海外からも多くの観客が集まり、イギリスにお金を落としてくれるのだ。

「シティ」にはアメリカをはじめとする多くの国の資本が集まる。そこでの取引の収益は一部外国に流れるかもしれない。しかし、シティではイギリス人が高給で働いている。全体としては、イギリスにプラスになるということである。

MAGARIGAWAサーキットのオーナーであるコーンズは、この施設を香港に持っていくことはできない。半導体のTSMCは台湾資本である。投資した収益はTSMCに入る。一方で、熊本では雇用が生まれ、地価が上昇している。TSMCで熊本は潤い、賑わいを取り戻している。

言うまでもないことかもしれないが、多くの日本企業も海外に投資している。そして収益を得ている。

東京をさらに元気にする――羅針盤③

クレーンが立ち並ぶ大都市・東京

もう一つの風は、東京に吹いている。東京という経済拠点を、さらに強化するチャンスがあるということである。どういうことなのか説明しよう。

日本の人口は毎年約60万人のペースで減少している。一方で東京圏の人口は約10万人増えている。したがって他の地域は毎年50万人減っていることになる。「東京（圏）一極集中」といわれる現象である。

今、高層ビルの上から東京の街を眺《なが》めると、たくさんのクレーンが立ち並んでいることがわかる。これだけ多くのクレーンが立っている都市は、世界中どこを探してもない。東京では現在、約25の大型都市再開発プロジェクトが進んでいる。

例えば、日本橋や八重洲、浜松町で大規模開発が行われている。六本木、虎ノ門、赤坂、北青山と枚挙にいとまがない。渋谷では、駅周辺の道玄坂と宮益坂を歩道でつなぐ工事が進められようとしている。新宿西口では、小田急百貨店のビルの建て替えが進んでいる。

臨海副都心開発と「世界都市博」

周知のように、東京都には、「都心」と「副都心」がある。

千代田区、港区、中央区を「都心3区」と呼ぶ。千代田区には東京駅や国会議事堂・官公庁がある。港区には多くの外国大使館や東京タワー、レインボーブリッジがある。中央区には、銀座や日本橋、築地がある。

一方、都心に集中する首都機能を分散させるため、1958（昭和33）年に渋谷、新宿、池袋が「副都心」に指定された。1982（昭和57）年には、上野・浅草、錦糸町・亀戸、大崎が副都心に指定されている。1991（平成3）年には、東京都庁が新宿に移転した。

1985（昭和60）年、当時の鈴木俊一・東京都知事が「東京テレポート構想」を発表する。もう一つの副都心である臨海地区の開発計画である。1988（昭和63）年には都知事の諮問《しもん》機関「東京世界都市博覧会基本構想懇談会」が設置され、1989（平成元）年に、臨海副都心での「世界都市博覧会」の開催案が示された。

1995年、「世界都市博覧会」は中止された

当時、世界中の大都市はさまざまな問題を抱えていた。東京は、過密化を臨海部の都市開発という外延的手法で解決しようとしていた。そこで、「世界都市博覧会」において、進行中の臨海部開発という形で「21世紀の大都市があるべき姿を提示」しようとしたのである。バブルの最中のことだった。

しかし1991（平成3）年には、バブル景気は終焉。臨海副都心のビルに入居を予定していた企業は相次いで撤退を決定した。資材高騰や建設労働者不足により、「世界都市博」の予算は膨れ上がる一方だった。1993（平成5）年には、東京臨海副都心での「世界都市博覧会」の開催が正式に決定された。期間は1996（平成8）年3月24日〜10月13日の204日間。目標来場者数は2000万人だった。

1995（平成7）年4月の東京都知事選挙で青島幸男知事が誕生した。青島知事は、世界都市博の中止、臨海副都心開発の見直しなどを公約に掲げていた。一方、東京都議

会は、5月16日に「世界都市博開催決議」を可決した。

青島知事は博覧会場を訪れて、準備の進捗状況に驚いたという。中止の場合には約1000億円の損失が出る。青島知事は事務局側からそう伝えられていた。開催するかどうかの決断のリミットは1995（平成7）年5月31日だった。青島知事は「世界都市博」の中止を決断した。

高層ビルが林立するだけの再開発も行われた

実は、今まで大きな都市再開発が進んだ地区は、一部の例外を除いて、明快な理由がある。「日本国有鉄道清算事業団」（国鉄清算事業団）が所有していた土地だということである。

1987（昭和62）年に日本国有鉄道（国鉄）はJR各社に分割され、民営化された。当時、国鉄は膨大な債務を抱えていた。民営化の際には、日本国有鉄道清算事業団が国鉄の承継会社となった。そして、長期債務と固定資産などを継承した。

国鉄清算事業団は、債務返済のために、再開発を行った。例えば、新宿駅周辺、飯田橋駅周辺、汐留周辺である。広いまとまった土地の再開発が行われた。しかし、概して魅力的な街にはなっていない。

なぜか。理由は明白である。高層ビル群を建てただけだったからである。人が集まって、賑わいのある街をつくるというコンセプトが欠けていた。汐留が典型的で、ビルが林立しているだけの場所になった。

ミッドタウン・六本木ヒルズ・麻布台ヒルズ

民間事業者が行った都市開発には、明確なコンセプトがある。

例えば、三井不動産が開発して２００７（平成19）年に開業した六本木の「東京ミッドタウン」は、もとは自衛隊基地だった。街のコンセプトは「ＪＡＰＡＮ ＶＡＬＵＥ」。

東京が国際都市としての競争力を飛躍的に高めていくために、働・住・遊・憩が高度に融合し、世界中からさまざまな人や企業が集まり、新たな価値創造の舞台となる「経年優化の街づくり」を目指した。東京ミッドタウンのホームページにはそう記されている。

森ビルは、200を超える地権者を説得してまとまった土地をつくり、長い期間をかけて2003（平成15）年に「六本木ヒルズ」を完成させた。「文化都心」というコンセプトのもと、六本木ヒルズは、オフィスや住宅、商業施設、文化施設、ホテル、放送センターなど、さまざまな機能が複合した街になっている。

2023（令和5）年11月には、森ビルの「麻布台ヒルズ」が開業した。地権者は300を超え、30年の歳月をかけて開発を進めてきた。

麻布台ヒルズのコンセプトは、「緑に包まれ、人と人をつなぐ『広場』のような街 “Modern Urban Village”」。広大な中央広場を中心に、オフィス、住宅、ホテル、インターナショナルスクール、商業施設、文化施設などの多様な都市機能が融合している。

東京再開発、ゾーンでの競争

実は、東京の都市再開発についての議論が政府内で本格化したのは小渕内閣のときだった。「経済戦略会議」のメンバーの一人だった森稔氏（当時森ビル社長）が、都市開発の必要性を力説した。その当時、メンバーの多くはあまりよく理解できなかった。会議で森氏が、切実に訴えた姿を今でも鮮明に覚えている。森氏の熱意を反映して、戦略会議の最終報告には都市開発の重要性が明記された。

それを受ける形で小泉内閣の２００２（平成14）年、「都市再生特別措置法」が成立する。都市再生のために、容積率の緩和や補助金という新しい措置を講じることになった。２００７（平成19）年には容積率日本一のビルが完成する。名古屋のミッドランドスクエアである。毎日新聞社、トヨタ自動車、トヨタ不動産が共同所有するミッドランドスクエアにトヨタ自動車の本社がある。

その後、２０１３（平成25）年の安倍内閣の「国家戦略特区」につながっていく。日本では、大規模な都市再開発に際しては都市計画審議会での審議が必要とされている。通常、審議には5〜7年かかった。「国家戦略特区」で、それが2年でできるようになった。その結果、潜在的な再開発計画が一気に噴き出したのである。

１９９５（平成7）年の「世界都市博」中止を契機に、デベロッパーは臨海部から都心に回帰して、ゾーンで競い合うようになった。三菱地所は主として大手町・丸の内、三井不動産は日本橋・銀座、森ビルは六本木・虎ノ門・赤坂である。ゾーンでの競い合いが、「都市再生特別措置法」と絡まって、東京の再開発に大きく貢献したのである。

世界都市ランキング第3位の東京

日本は「失われた30年」といわれる。一方で、東京は明らかに良くなった。東京の再開発が進み、都市の魅力は高まった。

一般財団法人森記念財団の都市戦略研究所は、２００８（平成20）年以降、毎年、世界の48都市を対象にした「世界の都市総合力ランキング」（ＧＰＣＩ）を発表している。２０２４（令和６）年、東京は第３位だった。第１位ロンドン、第２位ニューヨーク。パリは第４位、シンガポールは第５位と続く。

訪日外国人の多くが、東京は面白いと言う。六本木、銀座、日本橋、新宿、渋谷、池袋、浅草というように、いろいろな街を楽しむことができるというのが一つの理由である。東京の魅力はますます高まる。それは地方からの「東京回帰」の一因にもなっている。

東京の一極集中が地方の疲弊《ひへい》を招いているという議論がある。だが、それは間違っている。東京は世界の都市と伍していくために強くならなければいけない。地方の疲弊の責任を東京に擦《なす》りつける議論は生産的ではない。地方は、地方として強くなくてはならない。「東京か、地方か」というようなゼロサムの発想になることは、避けなければならない。

都市はイノベーションを生み出す場

東京に対しては「集積しすぎる」という批判がある。都市に集積するのは当然のことだが、東京ほど集積している都市は世界にも稀《まれ》だからである。

実は、都市には重要な機能がある。それは「イノベーションの場所」である。著名な経済学者のJ・A・シュンペーターは「イノベーション」を当初「新結合」という言葉で表現した。

都市とは、新しいさまざまな結びつきができる場所である。東京にはさまざまな人がいる。多数の企業があり、多種の情報が飛び交っている。それが東京の魅力を生み出し、イノベーションを可能にしている。

都市はまた、新しいライフスタイルを発信する場所でもある。新しいファッション、新しいビジネスなどの新しいライフスタイルを提供する場である。そういう意味での東京の魅力は大きい。

東京を便利にするということを、もっとすべきである。例えば移動に関することで、羽田空港と成田空港を統合しコンセッション（運営権の民間売却）を行う。同時に、新幹線を羽田空港に乗り入れる、などが真剣に考慮されて然《しか》るべきだ。

政府直轄の「東京DC」の提案

東京について、もう一つの提案をしたい。将来的に、東京を政府の直轄地にするという案である。例えば、アメリカのワシントンDC（コロンビア特別区）のようにするということである。DCは、直流という意味でも使われる。ワシントンDCの人口は約670万人、面積は177平方キロメートルである。中国でも、北京、上海など4つの都市が、政府直轄地となっている。

東京都の人口は約1400万人。2位の神奈川県（約920万人）、3位の大阪府

（約880万人）よりも、圧倒的に多い。一方で、人口が最も少ない鳥取県の人口は約55万人。東京都で最も人口が多い世田谷区（約94万人）の約6割に過ぎない。

実は、47都道府県と政府の関係は、「地方自治法」で定められている。「地方自治法」とは、地方自治体で人々が安寧《あんねい》に暮らすことができるようにするための法律である。

ただし、東京都はあまりにも大きすぎる。そして、日本全体の戦略基地を担うという役割を持っている。東京の大きさと機能を考えると、他の46道府県と同じ一つの地方自治法の中に収めるのは、所詮《しょせん》無理がある。東京を直轄地にしようという提案である。

ところで、「東京」というと「東京都全体」か「東京都23区」か「山手線内」か、というような疑問が出ることが予想される。しかし、そういう議論をし出すと絶対にことは進まない。重要なのは、「東京」を戦略的にいろいろなことができるようにする発想である。細かい話は後で考えればいい。後述するが、「郵政民営化」のときと同じことである。

第四章 経済の追い風と制度改革 4つの提案

2024年は、世界中で多くの選挙が行われた年だった。アメリカの大統領選挙ではトランプ氏が勝利し、日本でも石破政権が誕生した。注目されるのは、主要国のほとんどで、現状の制度や政策に国民の反発が集中し、与党側が選挙に敗北した(日本も与党が過半数の議席を得られなかった)ことだ。本書のまえがきでも紹介したノーベル経済学賞受賞者のアセモグル教授が指摘する「制度」整備の重要性を、改めて認識しなければならない。

この章では、日本経済に吹く追い風を活かすための制度改革として4つの提案を示したい。これを実行するポリティカル・キャピタルを有する政治リーダーが必要だ。そして民主主義の下で、改革の必要性を理解し支持するメディア・国民の存在が欠かせない。

提案1　デジタル歳入庁の創設

制度改革としてなすべきことは幅広いが、象徴的な改革としてデジタル歳入庁の創設が挙げられよう。国民は今、政府に対し2つの機関を通して負担を行っている。国税庁（財務省）に対する税金の納付、そして年金機構など（厚生労働省）に対する社会保険料の納付だ。しかも年金機構に関しては、補足や記録の点で大きな問題を抱えてきた。

アメリカやイギリスは、こうした非効率な縦割り組織を一本化して、歳入庁を設けている。日本においてはマイナンバーを全面的に活用して、デジタル歳入庁とすればよい。それこそが、本格的な税と社会保障の一体改革に道を開く。

またそのような発想に立てば、重要な社会課題である所得の再配分に関する新しい仕組みも可能になる。岸田内閣では新しい資本主義の名のもとに、当初は所得再配分の強化が期待された。しかし給与引き上げの旗振り以外、政府は有効な政策を出してこなかった。

デジタル歳入庁を機能させれば、給付付きの税額控除制度を導入することも可能になる。そもそも日本の所得税制は、かなり明確な累進構造を採用している。それを改良する形で、最低税率を現状のゼロからマイナスにすると考えればよい。

今後生成AIなどの普及で将来的に失業が発生する可能性を考えると、究極のセーフティーネットとして、やがてこうした制度を真剣に考えざるを得なくなるだろう。

提案2 政党法の制定という制度改革

今自民党、いや永田町政治に対して国民が厳しい目を注いでいる中、政治資金に係るルールを改定することは重要だ。政治への信頼なくして、制度の改革はできない。しかし目の前の短期的問題ばかりに焦点が当たってはならない。

政治資金問題の本質について考えよう。これは政党のガバナンスに問題があることの象徴だ。そう考えると、そもそも日本には政党のガバナンスを規定する「政党法」がないことに気づく。

会社には会社法、宗教法人にも宗教法人法があるのに、政党には政党法がない。ガバナンスの基本的な仕組みがあって、初めて政治資金のあり方も決まってくる。政党法がないままに政治資金の細かな議論をしても、またどこかに抜け道があると国民は考えてしまう。

実は政党の基本的ガバナンスの問題は、先の自民党総裁選挙にも直結する。日本では、政党のトップを選ぶそのやり方が、実に各党勝手気ままに決められている。

現状のやり方は、自民党総裁選では、第一段階の投票でどうして党員投票と議員投票の割合は五分五分なのか。決選投票の場合、なぜ議員投票がほとんどのウエイトを占めるのか。果たしてこれが、民主的な代表選出方法なのか。

政党のトップ（もしくは政府のトップ）の選び方は国によってさまざまだが、多くの国々では基本的に「民意」が直接反映されるような工夫がなされている。

国会議員の票が、日本ほど重視されている国は見当たらない。そして結果的にこの点が、これまで派閥依存の政治運営を促してきた。派閥が解消されつつある今こそ、政党法制定という制度改革を期待したい。１９７０年代、大平内閣の下で自民党はこうした政党法の認識を行っていたのである。

提案3　本格的行政改革の断行

これまでも述べてきたが、根本的な政策変更を行うには、実現するための制度的仕組みが必要だ。それを可能にするのが、まさに本格的な行政改革である。

日本はこれまで、およそ20年ごとに大規模な行政改革（いわゆる行革）を行ってきた。1961（昭和36）年の第一次行革、1981（昭和56）年の第二次行革（土光臨調）、そして橋本行革の成果としての2001（平成13）年の中央省庁再編、すべて20年周期である。しかし気がつけば、前回の行革からすでに24年が経過している。

この間の技術進歩・経済環境変化の凄まじさを考えると、行政の仕組みを変えることの必要性は極めて高い。いま防災庁の設置が議論されつつあるが、単発的に組織（ハコ）をつくるのではなく、より包括的な制度改革が求められる。

橋本行革の目的は大きく2点あった。総理主導による政策決定の徹底、そして民間の知恵の導入である。しかし総理主導のために大きな役割を果たすべき内閣官房に、今や各役所主導の政策会議が乱立し、再び官僚主導の政策決定が進んでいる。これを大きく改める必要があると思う。

提案4「中期骨太方針」をつくろう

政策の基本構造を改革するという点では、外国人労働や地方創生にも大きな視点が求められる。これまで外国人労働に関する政策変更は、主として出入国管理法によって行われてきた。

しかし本来は、そもそもどのような方針でどのような外国人労働を求めるのかという基本理念を明確にしたうえで、外国人労働法（要するに移民法）があってしかるべきだ。ところが、移民という言葉に対する国民的なアレルギーを懸念して、政治はこの基本問題を素通りしてきた。

また地方創生に関しても、全体としての人口が減少する中で根本的な発想転換が必要だ。現状の政策では、今ある場所に居住している人はそこに住み続ける権利があることを前提に、インフラや公共サービスを提供している。そのこと自体は一見素晴らしいことかもしれない。しかし現実問題として人口減少が続く中で、この政策は持続可能ではない。

厳しい選択ではあるが、限界的な集落に住む人は地方の中核都市に移転してもらう。そのためのコストは財政で負担する、というような方向にならざるを得ない。またすべての自治体を創生させることは残念だが不可能だ。国土政策の根本的転換を先送りしたままで、真の地方創生はあり得ない。

またそもそも、何が国の仕事で何が地方自治体の仕事なのか、その根本を決める分権一括法の見直しも必要だ。まさに、この国のかたちを変える作業である。

こうした点も含め、中期の骨太方針策定を提案したい。小泉内閣で初めて骨太方針を策定し、政策論議と予算査定のプロセスを分離したこと、結果的に議論を透明化し財務省の権限を低下させたことについては後述する。民主党政権はこれを一時的に停止し政策を混乱させたが、今日では再び定着している。

しかし時とともに骨太方針が各省が次年度の予算を獲得するためのプロセスのようになり、大きな政策論議が難しくなっている。すでに述べたような本格的な制度改革を進めるには、その指針となる方針、いわば「中期骨太方針」が必要だ。

台湾では1970年代から行政主導でいくつかの組織がつくられ、それが1987年のTSMC設立につながった。こうした長期の努力が、同国の半導体産業発展に大きく貢献した。

かつて司馬遼太郎氏は、『この国のかたち』という名エッセイを記した。ここ数年続いてきた対症療法的な政策ではなく、新しい「この国のかたち」を真摯《しんし》に考えるような、制度改革の議論とその実行を期待したい。

第二部

政治が政策を変え、経済が変わる

第五章 潜在力とチャンスをどう活かすか

世界経済は、政治の動乱で厳しい逆風の中にある。IMFの専務理事ギオンギエバ氏は、ダボス会議で次のように述べたことがある。「これから5年間の世界経済成長率は、過去30年で最も低くなるだろう」

もちろん日本経済も、その中にある。しかしながら日本経済には、ささやかな追い風が吹いている。米中対立、サプライチェーン見直しの中で、日本の潜在力と役割が見直されている。問題は、日本がそのチャンスをどう活かせるかだ。

政府は役割を果たしているか、ジャーナリズム・メディアはどのように機能しているか、そして国民は政治が政策決定する仕組みを十分理解し、監視しているか。この章で

――は、こうした問題意識で近年の政治と経済の関係を垣間見てみよう。――

日本の制度に残る根深い欠陥

現状の厳しさに目を向ける

日本には今、間違いなく追い風が吹いている。ただし、現状の厳しい評価にも目を向けなければならない。世界の競争力ランキングでかつて1位だったにもかかわらず2024年は38位に沈んでいる原因について、検証しなければならない。実は、日本の政策の問題点の一つは、「検証」という作業をほとんど行っていないことである。

例えば1997（平成9）年には、アジア通貨危機が発生して世界経済は混乱した。アジアの国々は、議会が特別の権限を与えた調査委員会をつくって検証した。ところが、日本はバブル崩壊後、なぜ不況が長引いたのか、何が悪かったのか、いや、そもそもなぜバブルが生じたのか、政府はその検証をほとんど行っていない。

経済学者による、さまざまなバブル崩壊の分析は出ている。しかし、経済学者に特別な権限があるわけではない。なぜバブルになったのか、私たちは何となく理解しているように思っている。実際には、わかっていないことは多い。どのような意思決定が行われたのかがキーポイントになる。権限のある委員会による検証がない限り、それはわからない。

日本には「罪を憎んで人を憎まず」ということわざがある。バブル崩壊が長引いたことの検証を行うと、特定の省庁や個人を非難することになる。それを恐れているのかもしれない（ちなみに、本格的な「検証」が国会の決定を経て行われた唯一の例として東日本大震災における福島第一原発のケースがある）。

まず、横並び意識を変えてみる

2001（平成13）年に行政改革が行われた。「橋本行革」である。その後の小泉内閣では行政改革の成果をうまく活用し、いくつかの改革を進めた。その結果として、先に示したように日本の競争力ランキングは上昇した。しかし近年は、そうした行革精神と逆行するようなことが起きてきた。

日本を強くするためには、行革が不可欠である。「橋本行革」で基本的な考え方が出されている。その後、公務員制度改革は失敗し、改革の司令塔である経済財政諮問会議の機能は低下した。そう私は認識している。そこを変えれば、日本経済は復活する。今、日本にささやかな追い風が吹いているからである。

日本の制度に欠陥があることに、多くの人は気づいている。例えば、日本は「横並び」志向で良くないという。良くないことは何となくわかる。では、どうして横並びなのだろうか。基本的には競争が制限されているからだ。

どうして会社内で暗い顔をしているのか。職場を移ることが、容易にできないからだ。だから労働市場改革は重要になってくる。職場を替える覚悟があれば、上司に対して堂々と「それはおかしい」と言える。

それが言えないのは、この会社で骨を埋めなくてはならないと思ってしまうからである。横並び意識を変え、簡単に職場を替えることができるようにすること、それが政策の役割である。

「金銭解雇」アレルギー

日本では「金銭解雇」の話をすると「金で首を切るのか」「金での首切りが横行する」というような反応が返ってくる。

2024(令和6)年秋の自民党総裁選挙で、小泉進次郎氏や河野太郎氏が言っていたように、「金銭解雇」のルールをつくる必要がある。雇用主と労働者がもめた場合には、最終的には所得補償、つまりお金で解決するしかない。何事も、もめ事が起きれば最後にはお金で解決するしかない。それと同じことである。

多くの国では、「金銭解雇」のルールがある。OECDの国の中でルールがないのは、日本と韓国だけだといわれている。日本でも大企業のように強い労働組合がある会社では、解雇の場合には相応の補償を得ることができる。しかし、多くの中小企業では、解雇された労働者は泣き寝入りするしかない。

現状では、労働市場は変化の方向にある。しかしそれでもあえて極論すれば、日本の労働者の選択肢は2つしかない。金銭的な補償もなく、身一つで泣き寝入りして辞めていくか、何があっても我慢して会社にしがみついて残るかである。

極めて不合理なことである。終身雇用・年功序列こそが唯一の正しい働き方であるという考え方は、労働者を会社に閉じ込めていることにほかならない。そのような不公平なことがあってよいはずはない。だからルールをつくる必要がある。しかし、日本ではなぜか「金銭解雇」という言葉に、極端なアレルギーがある。

派遣労働者が増えて所得格差が拡大した？

もう一つの例を紹介しよう。

『ハケンの品格』というテレビドラマが人気を博したのは2007（平成19）年ごろだった。「派遣」は「自由な働き方」を実現する一つの方法である。しかし、「小泉内閣のときに派遣労働者を増やして、所得格差が拡大した」と言われた。これは、誤解に基づいた暴論としかいいようがない。

まず、小泉内閣で派遣を増やしたわけではない。1997（平成9）年6月に、ILO（国際労働機関）は「民間職業仲介事業所に関する条約」を採択した。働きがいのある人間らしい仕事（「ディーセント・ワーク」）を実現するために、民間職業仲介事業所の果たす重要な役割を認識し、それを利用する労働者の保護を図ることを目的とした条約である。日本は1999（平成11）年7月に批准した。森喜朗内閣のときである。批准の5年後の2004（平成16）年に製造業について実施した。

次に、「派遣労働者」について。2003（平成15）年には正社員が65・4％、非正社員が34・6％だった。非正社員の内訳を見ると、パートタイム労働者が23・0％で最も多く、契約社員が2・3％、派遣労働者は2・0％に過ぎない。その後、2017（平成29）年には3・2％、2022（令和4）年には4・0％になっている。

全労働者に占める派遣労働者の割合は依然として非常に低い。さらに、「格差は拡大」しているわけではない。所得格差の度合いを測る指標として使われる「ジニ係数」は、1990年代から2000年代にかけてほぼフラットに推移しているからである。

メディアに乗っ取られたジャーナリズム

権力からも大衆からも距離をおく

今の日本には、「政治と経済」に関する重要な問題がある。ジャーナリズムが、メディアに乗っ取られているという問題である。どういうことか。簡単に説明しよう。「ジャーナリズム」と「メディア」は異なる。「メディア」とは手段。本、ラジオ、インターネットなどすべてがメディアである。では、「ジャーナリズム」とは何か。民主主義において、極めて重要な役割を果たす存在である。

民主主義は「ウェル・インフォームド・パブリック」（良い知識を与えられた国民）の存在を前提として機能する制度である。その「ウェル・インフォームド・パブリック」にとって、ジャーナリズムは重要な役割を果たす。

では、ジャーナリズムの重要な機能は何か。ハーバード大学の「ニーマン・ファウンデーション」によれば、ジャーナリズムの基本は、「スピリッツ・オブ・ジャーナリズム」を厳守することである。具体的には、権力から距離をおくこと、そして大衆からも距離をおくこと。それが「スピリッツ・オブ・ジャーナリズム」である。簡単にいえば、権力にも大衆にもこびてはいけないということだ。

一方、インターネットというメディアは、たくさんの「いいね！」を得ることを考えている。つまり、大衆にこびている。「放送と通信の融合」という名のもとに、NHKなどジャーナリズムを担《にな》うべき機関が、SNSの情報を垂れ流しているのは、大いに問題だ。正論を吐くべきジャーナリズムは衰退している。

政治家はメディアに過剰反応する

さらにインターネット・メディアは、政治の世界でも猛威を振るっている。XなどのSNSでは、10人も集まれば一つの「炎上」を起こすことができる。日本の国政選挙や地方自治体の選挙では、SNSの発信で国民の投票が左右されている。そういう社会状況の中で政治が決まり、経済政策が決まる。まさに不安定な時代になっている。

新型コロナ禍をきっかけとして、ジャーナリズムの劣化と、メディアの異常な反応がより鮮明になった。政治家はメディアに過敏に反応して、政策を歪める可能性が高まっている。例えば、岸田政権では、メディアが流す情報に過剰反応して、さまざまな給付金を出すなどした。

トロント大学の哲学者ジョセフ・ヒース教授は、人間は合理的な決定をできなくなっているると指摘している。人間は合理的な行動をする、という前提で近代社会は成り立ってきた。ところが人々は今、合理的な決定を必ずしもしていない。例えば、自由貿易を否定する。また「アメリカ・ファースト」と言う。これはどう考えても合理的であるとは思えない。

なぜ、そうなっているのか。その最大の原因は、人々がＳＮＳから流れる過剰な情報の中毒になっていることにある。例えば、暇な時間にスターバックスに行ってスマホでインターネット情報をザッピングする。その瞬間、面白い情報を求めているだけで、実は何も考えていない。刺激を求めるあまり熟考しない。熟考しない社会になっている。そして、時に過剰に反応する。

日本には民主主義を守る役所がない

ジャーナリズムの衰退とメディアの肥大化は、日本の新しい政治と経済にとって大きな課題になっている。政策は政治によって決まる。その政治がＳＮＳに操られている。そして世論も操られている状況だからである。

政治は国民の声を聞く必要がある。しかし、決して御用聞きであってはならない。国民は忙しい。どの政策がいいか、財政再建はどうあるべきか、そんなことを考える余裕はないかもしれない。だから、政治のリーダーが自ら政策を提案する。それに対して賛否を問う。それが本来の民主主義であり、「指導者民主主義」と呼ぶ。

歪んだメディアと劣化したジャーナリズムが、指導者民主主義に間違った影響を与えている。その一つが、いわゆる「フェイク情報」である。そこで、総務省は2023(令和5)年10月に「デジタル空間における情報流通の健全性確保の在り方に関する検討会」を設置した。

ここで一つの疑問がわく。デジタル以外のフェイク情報も山ほどあるのに、なぜ「デジタル情報」だけなのか。答えは明白である。デジタルな空間の管理は総務省の仕事だが、それ以外は総務省の仕事からはずれるということである。いわゆる「縦割り」である。

では、それはどの役所の管轄になるのか。答えは、「どこにもない」である。日本には民主主義を守るための官庁はない。実は、アメリカにもない。しかし、ヨーロッパではフェイク情報に対して法制化を急いでいる。それは、フェイク情報は民主主義の敵だからである。民主主義を守るためにフェイク情報を管理するシステムが必要だということで、ＥＵ委員会で法制化に向けた作業が進められている。

自民党政治と政策決定にいたるまで

今日ツルシがおりた。シメソウは2週間後

日本は民主主義の国である。減税すべきか、財政再建が先か。私たちは経済政策について自らの意見を自由に述べることができる。ただしいかなる政策も、民主主義的な政策決定プロセスを経ることなしに決めることはできない。それが大前提になっている。

ところが、現実には摩訶《まか》不思議なことがまかり通っている。例えば、読者諸氏は次の言葉を理解できるだろうか。

「今日ツルシがおりた。しかし、今日はオキョウだけ。このままではシメソウは2週間

後だ」

三権分立の日本では、法律は国会で審議される。国会に提出される法案には2種類ある。一つは、議員提出法案で「議法」と呼ばれる。国会の法制局で条文の素案が吟味され、さまざまな意見を取り入れたうえで原案がつくられる。もう一つが、内閣提出法案で「閣法」と呼ばれる。

「閣法」は各省庁の役人が起案する。内閣法制局で精査した後、閣議を経て国会に提出されるというプロセスを経る。現実に、国会で審議・決定される法律の大部分は、この「閣法」である。そこで、作成した法案が国会で議論されるまでのことを「ツルシ」(吊るし)と呼ぶ。霞が関の役人たちは、法案が吊るされている間は待たなければならない。

「ツルシがおりた」ということは、その日から国会で議論が始まることを意味している。

「オキョウ」(お経)とは、法案を提出した担当大臣によるその法案の趣旨説明のこと。

「今日はオキョウだけ」とは、趣旨説明だけ行われるという意味である。

「シメソウ」とは、「締めくくり総括質疑」のことである。「シメソウは2週間後」ということは、「2週間後に採決」することを意味する。通常の法案では、各大臣が委員会に出席して「シメソウ」を担当する。重要な法案のときには、総理も呼ばれる。郵政民営化法案のときには小泉総理も出席して（2005年）、また安全保障に関する重要法案のときには安倍総理も出席して（2015年）「シメソウ」が行われた。

暗黙のルールが支配する政治

特定の職業集団やコミュニティ内でしか通用しない専門用語や隠語を「ジャーゴン」と呼ぶ。政策決定プロセスは、まさにジャーゴンのオンパレードである。霞が関ではこれが当たり前に使われているが、霞が関の外にいる多くの人々はほとんど理解できない。

このことはまさに日本の法律が、閉ざされた世界でつくられていることを示唆している。日本の政策決定プロセスを理解するうえで重要なポイントである。そのことを知らずに日本の政策を語っても、霞が関では犬の遠吠えにしか聞こえない。

もう一つ紹介しよう。予算委員会で全閣僚が出席する基本的質疑について、衆議院と参議院で興味深い違いがあることである。

例えば衆議院の場合、議長が「○○君、60分質疑」と言うと、質問する議員と答える側の閣僚が60分を使って質問とそれに対する答弁を繰り返すことになる。一方参議院では、議長が「○○君、質問20分」と言うと、閣僚が答える時間は含まれない。質問時間のみを計算する。実際のところ、質問・答弁を含めると、ほぼ60分になる。

そこで、閣僚は答え方を変える。衆議院では長々と答える。そうすることによって議員からの質問時間を減らすことができる。参議院では、できるだけつっけんどんに答える。議員は、同じ質問を繰り返す。それで質問時間が消費される。

これらは些《さ》末《まつ》な事例かもしれない。国会議員は限られた人であり、官僚は徹底的な終身雇用・年功序列の下で庇護されている。閉ざされた世界の中の人はみんな知っているが、外にはなかなか伝わってこないのである。まさに、慣例という名の「暗黙のルール」が存在している。日本の政治プロセスはこの「暗黙のルール」によって支配されており、そういう現実を知ることが日本の政策決定を理解するうえで欠かせないのだ。

自民党総裁が、内閣総理大臣になるという仕組み

日本の政治制度は議院内閣制である。行政の主体である内閣を、国会の信任によって成立させる制度を「議院内閣制」と呼ぶ。「議院内閣制」の下で、日本の憲法では国会議員の中から国会の議決で内閣総理大臣を指名することが規定されている。

具体的に憲法では、「国会は、国権の最高機関であって、国の唯一の立法機関である」(第41条)とあり、「行政権は、内閣に属する」(第65条)と書かれている。「司法」と合わせて「三権分立」と呼ばれる。

わかりやすくいえば、国会の多数派を占める「与党」のトップが行政のトップになる。だから日本の場合、長らく自民党の総裁が、内閣総理大臣となってきた。総理は、議会と内閣両方のトップということになる。

その意味で日本の内閣総理大臣は、アメリカ大統領よりも大きな権限を持っている。例えば、日本では総理大臣は予算案をつくることができるが、アメリカでは予算の権限はすべて連邦議会に属している。アメリカの大統領は年初に「予算教書」を発表する。それは次年度の予算をこうしてほしいという一種の願望に過ぎない。

アメリカ合衆国憲法の第1章は「連邦議会」にあてられている。「大統領」は第2章である。アメリカでは、憲法に書かれていないことはすべて州が決めることになっている。軍の最高司令官である大統領は、役人人事権や条約締結権を持っている。しかしいずれも、各州の代表で構成される上院の承認を必要としている。

ところが歴史的にアメリカでは、戦争が起きるたびに大統領の権限が強くなってきた。トランプ大統領は、大統領の権限を最大限活用しようとしている。

政党のトップ・総裁と総理大臣が別々なのは?

話を日本の総理に戻そう。

先に、日本の議院内閣制では、通常の場合多数党のトップが内閣総理大臣になると書いた。ただし、必ずしも多数を占める政党のトップが常に内閣総理大臣になるわけではない。最大多数の政党のトップと、内閣総理大臣が別々になることもある。与党が連立政権の場合には、そういうことが起こりうる。

1994(平成6)年6月、自由民主党は、日本社会党・新党さきがけと連立政権を組むことに合意した。自由民主党は、衆議院で第1党であったものの、過半数には達していなかった。当時の自民党総裁は河野洋平氏だった。衆議院の首班指名選挙では、日本社会党の村山富市委員長が首相に選出された。自民党総裁ではない人が総理大臣になったのだ。村山首相は大臣の経験もなく、首相を目指したわけでもなかったという。

世の中は混乱状態にあった。1993（平成5）年8月に成立した細川内閣は1年足らずで総辞職した。跡を担《にな》った羽田内閣は2か月で辞任した。1995（平成7）年1月には、「阪神・淡路大震災」が起き、3月には「地下鉄サリン事件」をはじめとするオウム真理教の一連の事件が発覚した。

当時の経験は、自民党総裁と内閣総理大臣が別では意思決定がうまくいかないことを如実に示している。その後は、最大多数政党のトップが内閣総理大臣になるという形が続いている。

超然内閣制と議院内閣制

「超然内閣制」という言葉がある。1889（明治22）年2月に大日本帝国憲法が公布された。その翌日に、第2代内閣総理大臣・黒田清隆は有名な演説を行った。「超然」

という言葉が出てくる演説である。

「政府は常に一定の方向を取り、超然として政党の外に立ち……不偏不党の心を以て、……国家隆盛の治を助けんことを勉むへきなり」

政府（内閣）は、議会や政党の意思に制約されずに行動する。政府（内閣）は君主に対してのみ責任を負う。このような立場をとる内閣を「超然内閣」と呼ぶ。逆の言い方をすれば、議会に対しては責任を負わない。

戦後、日本は議院内閣制の国になった。日本国憲法では、「行政権は、内閣に属する」（第65条）として次のように定めている。

内閣は、行政権の行使について、国会に対し連帯して責任を負ふ　（第66条3項）

内閣は国会に対して「連帯して責任を負ふ」という一文に注目していただきたい。

「連帯して」という言葉が大きな意味を持っている。いわば、超然内閣の裏返しである。

内閣については次のような定めがある。

内閣は、法律の定めるところにより、その首長たる内閣総理大臣及びその他の国務大臣でこれを組織する（第66条）

内閣総理大臣と国務大臣で行う会議を「閣議」と呼ぶ。閣議は、内閣の最高意思決定機関である。例えば、法律案および政令の決定は閣議決定の方式による。閣議での決定は、多数決ではない。「連帯して責任を負う」ということは、〝全会一致〟でなければならないことを意味する。

閣議決定と総務会での事前承認

もう一つ指摘しなければならないことがある。先に書いたように、議院内閣制では通常、与党のトップが内閣のトップになる。だから現在では自民党総裁が、内閣総理大臣になる。つまり総理大臣と自民党総裁は同一人物であり、政府（内閣）と与党は別々の意思決定をすることはなく、常に一体だということになる。

それが意味することは容易に導き出される。閣議での決定事項は、事前に与党の最高意思決定機関で承認されていなければならないということである。自由民主党の常設最高意思決定機関は「総務会」である。定員は25名。議長は総務会長が務める。総務会長は自民党総裁が指名する。

つまり、政府の閣議決定の前に総務会で事前承認されなければならない。この原則は、第2次池田内閣の1962（昭和37）年に自民党からの申し入れによってつくられた。いわば慣例である。これによって何が起こるのかは明白だろう。与党の賛成なしに政府（内閣）は大きな政策をつくることはできない、ということである。

郵政民営化のとき、例外が1度だけあった

「族議員」についていては前にもふれた。特定の政策分野に精通して、関連する省庁の政策決定に強い影響力を及ぼす議員のことである。彼らは、関連業界の利益を擁護して、代

弁者の役割も果たす。

さまざまな政策には、さまざまな族議員の利害が絡んでいる。既得権益を侵害するような問題に関して、彼らは反対派の急先鋒になる。与党は拒否ないしは修正を求める。与党の承認を得るために、政府はさまざまな修正を余儀なくされる。

党則では、総務会は多数決による議決が明示されている。しかし現実には、全会一致を原則とすることが慣例化されてきた。総務会で1人が反対すると、その部分を修正せざるを得ない。総務会が了承したくない政策もある。したがって、総理主導の思い切った政策はなかなか決まらない。

実は、例外が1度だけあった。郵政民営化のときのことである。総務会のメンバーの亀井静香氏が、郵政民営化に「絶対反対」の立場を崩さなかった。そこで当時の総務会長の久間章生《きゅうまふみお》氏は、全会一致の慣例を破り多数決で採決したのである。

壁は高すぎる。しかし、これが現実である。

親分肌の政治家たち

「竹中さん、あんたは何様のつもりだ」

私の体験を紹介しよう。

小泉内閣の下で初めて「骨太方針」なるものを決めて、政策のメニューを明示的につくったときのことである。閣議決定のためには、総務会でそれを了承してもらわなければならない。総務会では通常、事前に族議員と役人が根回しをする。すべての議題は異議なく採決され、「しゃんしゃん」と短時間で終わる。これまでの慣例にない「骨太方針」は、そんなわけにはいかなかった。

担当大臣である私が総務会に呼ばれたが、大臣が呼ばれるのは異例のことだった。幹事長・政調会長・総務会長の党三役のほか青年局長などの幹部議員が並んでいた。鈴木宗男氏や山中貞則氏など、強面《こわもて》のメンバーの顔もあった。ちなみに、党三役にはSP警護団がつく。大臣並みの扱いである。

「骨太方針」の説明を始めるときに言われた。「竹中さん、あんたは何様のつもりだ」

と。これまでの慣例を破るようなことをするなという警告だった。つるし上げである。当時の政治の世界には、そういう人が少なくなかった。

この話には続きがある。「骨太方針」について私が説明した後、山中貞則氏が言った。「竹中、思ったより優秀だったな」と。総務会の他のメンバーを押さえるための言葉だった。「まあ、認めてやれ」という長老の言葉である。

「俺がいいと言っているからいいじゃないか」

まさに「昭和型」政治家の典型である。懐《ふところ》の深い、保守本流の政治家もいたということである。高齢政治家を「老害」と批判する人もいるが、そういう人がいなくなると大事なことが何も決まらなくなる。それが自民党政治の一面ではある。

山中貞則氏については、もう一つのエピソードを紹介しよう。

小泉内閣で、税制の改革を議論したときのことだった。税制について内閣で議論することは、いわば「タブー」だった。自民党の税制調査会（税調）が税制論議の本丸であり、そのトップが山中氏だった。小泉総理は、経済財政諮問会議で税制の議論をするために、わざわざ山中氏に頭を下げに行ったほどだ。それが当時、大きな話題になった。

問題はその後のことである。経済財政諮問会議での議論を総務会で説明したときに、反論が続出した。そのとき、山中氏は言った。「俺がいいと言っているからいいじゃないか」。まさに、親分である。

ある日、山中氏は私にこう言った。

「竹中、男にはうれしいときが2つある。1つは好きな女性と一緒になったとき。2つめは、選挙で勝ったときだ」

2004(平成16)年2月20日、山中氏は肺炎のため永眠。享年82歳。郷里の鹿児島県曽於市末吉町には、山中氏の心を伝える「山中貞則顕彰館」が建てられている。一部に異論もあろうが、私から見れば、実に懐《ふところ》の深い保守本流の政治家だった。

「3人で話を聞いたということは、案を通すということだ」

山中氏亡き後、そうした雰囲気を引き継いだ政治家は、2人いたと思う。二階俊博氏と菅義偉《よしひで》氏である。菅氏は強面《こわもて》ではないが、太っ腹で親分肌の人である。

二階氏についての2つのエピソードを紹介しよう。

不良債権の処理をしたときのことである。自民党は大反対だった。当時の政権は「自自公」、つまり自民党、自由党、公明党の政権だった。自民党幹事長が山崎拓氏、自由党幹事長が二階氏、公明党幹事長が冬柴鐵三氏。その3人が集まって、私の話を聞いてくれた。帰り際に二階氏は言った。「竹中さん、3人で話を聞いたということは、あんたの案を通すということだからね」

なるほど、と思った。幹事長が集まって、話を聞いたことに対して党として反対することはなかなかできないからである。

もう一つは、東日本大震災が起きたときのことである。2011（平成23）年3月11日午後2時46分、東北地方太平洋沖地震が発生した。民主党政権のときで、自民党は野党だった。民主党政権の対応に業を煮やした二階氏は、経団連に乗り込んだ。そして言った。

「経団連には金もある。日本中からできるだけ多くの棺桶を大至急用意しろ」

たくさんの方が亡くなっている。その人たちをそのままにしておくことはできないからだった。だから、まず必要になるのは棺桶――。そういう発想は、地場たたき上げの政治家しかできない。二階氏は県議からのたたき上げの人だった。いかにも二階氏らしいと思った。

政治家は演技をしてはいけない

小泉進次郎氏と小泉純一郎氏のエピソードも紹介しよう。

まずは、小泉進次郎氏とG1サミットで勉強会をしていたときのことである。「G1サミット」とは、政治、経済、文化、芸術、スポーツ等の多様なバックグラウンドを持ち、第一線で活躍する方々が集結し議論し合う場として、2009年に創設されている。イニシアチブをとったのは、グロービスの堀義人氏だ。

そのG1サミットで、私が提案した「景色を変えよう」というテーマが、ある種の標語のようになった。そのとき、小泉進次郎氏がぽつりと言った。「人によって見える景色は違いますよね」。何かピント外れに思える。しかし、後から考えると非常に意味が深い言葉だった。

みんなが言っていることとは、しかるべく行えばいい。次元の違うことを言う人はリーダーに向いている。私はそう思った。

次元の違うことを言うのは、父親の小泉純一郎氏譲りかもしれない。

２００７（平成19）年7月の参議院選挙で自民党は大敗し、民主党が参議院第1党に躍進した。その前の年の12月に民主党はテレビコマーシャルを放映している。題して「生活維新。篇」。ワイシャツ姿の小沢一郎氏が帆船の操舵を握っている。海は荒れている。大波が寄せて、船は大きく揺れ、小沢船長は操舵を離して吹き飛ばされる。後ろにいた鳩山由紀夫氏と菅直人氏が小沢氏を受け止める。トロイカ体制で「生活維新」という分かり易い動画である。

それを見た自民党の多くは、「船長はかじを離してはいけない」と批判した。それはそれで、まともな批判だと思う。しかし小泉純一郎氏のコメントは、一味違った。「政治家は演技してはいけない」と言ったそうだ。演技とは〝ウソ〟なのだ。政治にウソがあってはならない。次元の違う深い洞察だと思った。

強いパッションと洞察力を持ったリーダーの役割は、ますます重要になっている。

第六章 民主主義と政策決定プロセスと行政改革

経済の動向は政策に大きく影響される。そして政策は、民主主義の政治プロセスで決まる。

その際、政策決定プロセスという「制度」が重要になる。この制度改革の重要な部分が行政改革だ。より具体的に日本では90年代以降、長年の官僚主導から政治主導の政策決定を可能にするための議論が行われてきた。

この章では、まず90年代以降の政治の動きを概観し、国内政治の滞《とどこお》り、そして日米摩擦という外圧の中で、バブル崩壊後は結果的に官僚主導の〝リアクティブな〟(受け身の）対応に終始せざるを得なかったことを示す。また政治の世界ではそのような認識の下、1990年代後半に橋本内閣が登場し、根本的な行政改革を試みたプロセスを解説する。

経済と政治の大混乱

政治主導を目指した橋本行革

日本の政策決定は密室で行われている、としばしば指摘される。官僚が政策の原案を作成し、与党と一体になって国会承認を得る。わかりにくい日本の政策決定プロセスについてはさまざまな意見があるだろう。しかし日本における現実の政策決定は、このようになされていることを理解しておくことが重要である。

こうした政策決定プロセスが戦後ずっと行われてきたのだ。その意味でこれは、「昭和型」政策決定、いわば官僚主導のプロセスといえる。

これに対し橋本龍太郎総理は1990年代後半から議論を重ね、2001（平成13）年行政改革を断行した。前述した「橋本行革」である。官僚主導を修正し、政治主導の政策決定を行うことが目指された。官僚主導から政治主導（より正確には総理官邸主導）へと、方針転換が意図されていた。

2001（平成13）年4月に誕生した小泉内閣は、総理自身の指導力とも相まってそれをうまく活用した。しかし、その後なし崩し的に官僚主導に戻り始めた。以降、「昭和型」政策決定プロセスに逆戻りして、現在に至っている。

プラザ合意とバブル経済

まずは、橋本行革に至る経緯について簡単に紹介しよう。すべてはバブルとバブル崩壊から始まる。

1985（昭和60）年9月22日、ニューヨークのプラザホテルで先進5カ国蔵相・中央銀行総裁会議（G5）が開催された。膨大に膨らんだアメリカの双子の赤字（貿易赤字と財政赤字）を解消し、ドル安に誘導することを目指して政策協調が合意された。

「プラザ合意」と呼ぶ。合意発表後、為替レートは即座に円高に進んだ。当時1ドル＝235円だった為替レートは、10か月後の1986（昭和61）年7月には1ドル150円台まで円高が進んだ。

円高は日本の輸出に打撃を与えた。それまでアメリカで1万ドル分の商品を売って235万円入っていたものが、150万円にしかならなくなってしまったからである。日本の輸出産業は大打撃を受け、日本経済は不況（円高不況）に陥《おちい》った。

そこで日本銀行は、政策金利を5回にわたって引き下げた。1985（昭和60）年に5％だった政策金利は、1987（昭和62）年には2・5％になった。戦後最低の低金利だった。金利が低くなれば、銀行からお金が借りやすくなる。

企業や個人は借りた資金で土地や株式などに投資した。その結果、株価も地価もうなぎ上りに上昇した。いわゆるバブル経済である。

1989（平成元）年12月29日に、日本の株価は史上最高値の3万8915円87銭を記録した。このときがバブルの絶頂期だった。しかしその後、株価は急落する。地価は1990（平成2）年末がピークだった。日本の土地資産は約2456兆円。アメリカ全体の地価合計の4倍に達していた。

山手線内側の土地価格で、米国全土が買えるといわれた。その地価が下がるとは誰も思っていなかった。まさに土地神話である。

バブル崩壊と不良債権

「バブルははじけて初めてわかる……」。これがFRB議長だったグリーンスパンの言葉であり、まさに「バブル」経済の怖さである。1990（平成2）年初めから株価は急落し、地価もその後徐々に低下した。

バブル経済の崩壊とその打撃の深刻さが多くの人にはっきりと認識されたのは、1991（平成3）年から92（平成4）年にかけてのことだった。『日本経済新聞』などの記事検索によれば、「バブル」「バブル崩壊」という単語は、1990（平成2）年には49件だった。それが1992（平成4）年には1079件に増えている。

土地を購入する企業に融資する際に、金融機関はその土地を担保にとる。地価が上がり続けている場合には、それで何の問題も起きない。しかし、地価が暴落すると大変なことが起きる。借金した企業は、それを返済できなくなる。銀行も担保の土地価格が下がれば、貸付資産が「不良債権化」するからである。実際、金融機関は多くの不良債権を抱えることになった。そして企業は、過剰債務（返せない借金）を抱えることになった。

不良債権と過剰債務で経済は停滞

金融機関が不良債権を抱え、企業が過剰債務を引きずったままにしていると経済が停滞する。その仕組みを簡単に説明しよう。

銀行は企業に融資する。銀行は債権者、企業は債務者になる。「債権」とは、債務の履行を相手方に請求できる権利のこと。「不良債権」とは、回収が困難になった債権、およびそうなる可能性が高い債権のことである。「過剰債務」とは、金融機関からの借入金や社債発行による負債がその企業の返済能力に比べて大きすぎる状態を指す。

大きな債務を引きずって四苦八苦し、その間は新たな成長に向けた前向きの投資などはできない。こうした状況は、「デット・オーバーハング」と呼ばれる。

なぜ不良債権や過剰債務は、経済成長を押し下げるのだろうか。

第一に、銀行収益が圧迫されることによって金融仲介機能が低下する。つまり、新たな融資などできなくなり（貸し渋り）、場合によっては無理に貸付金を回収しようとする（貸し剥がし）。第二に、低生産性の分野に労働力・資本などの経済資源が停滞する。そして第三に、金融システムへの信頼の低下によって企業や消費者の行動が慎重化する。

また企業の過剰債務問題は、設備投資の減退を引き起こし、経済成長を妨げる。こうした金融システムや経済システムそのものへの国民の不信は、融資や投資を著しく停滞させる。

当時の宮澤喜一総理は、1992（平成4）年8月に公的資金の必要性に言及した。金融機関に公的資金を導入して不良債権問題を抜本的に処理し、企業の過剰債務を解消することによって日本経済を活性化させる。宮澤総理はそう考えたのだった。

金丸事件と公的資金導入

ところが、時を同じくして、世間を騒がせる事件が起きた。1992（平成4）年8月22日に、金丸信・自由民主党副総裁（当時）が渡邉廣康・東京佐川急便元社長から5

億円の闇献金を受けたことが発覚したのである。『朝日新聞』の報道だった。

当時は、政治家個人に対する政治資金の量的制限はあったものの、献金は禁止されていなかった。政治家個人への寄附の量的制限として、20万円以下の罰金刑が設けられているだけだった。

東京地方検察庁特別捜査部は、金丸氏に事情聴取することなく「政治資金規正法」違反で略式起訴し、東京簡易裁判所から罰金20万円の略式命令を出した。逮捕されることもなく、事情聴取も受けず、5億円の闇献金に対して罰金20万円。この決着に、国民から凄まじい反発が起きた。

金丸氏は衆議院議員を辞職した。金丸事件を契機に、自民党内では対立が深まり、政治改革の必要性が叫ばれるようになった。宮澤総理の公的資金導入案は「政治改革をごまかすためのものだ」と批判されてしまった。結果的にバブル崩壊後、経済再生案は一顧だにされることはなかった。

内閣不信任決議案可決から非自民・非共産連立政権誕生へ

宮澤総理は、「今国会中に政治改革を行う」という公約を掲げていた。「小選挙区比例代表並立制」と「政党交付金導入」を柱とする政治改革である。「公職選挙法の一部を改正する法律」「衆議院議員選挙区画定審議会設置法」「政治資金規正法の一部を改正する法律」「政党助成法」の4つの法律を合わせて「政治改革4法」と呼ぶ。だが、自民党内の意見をまとめることができなかった。「政治改革」は次期国会に先送りされた。

これに野党が猛反発した。日本社会党・公明党・民社党が共同で内閣不信任決議案を提出した。自民党は衆議院の過半数を占めていた。当然のことながら、自民党の反対多数で否決されると思われた。しかし、内閣不信任決議案は可決された。自民党内から造反者が続出したためである。

1993（平成5）年6月18日、衆議院は解散した。「嘘つき解散」「自爆解散」「無責任解散」「造反解散」などと呼ばれた。内閣不信任決議案可決は1980（昭和55）年以来13年ぶりのことだった。

内閣不信任決議案をめぐって、自民党は分裂した。武村正義氏、鳩山由紀夫氏、田中秀征氏ら10人が自民党を離党し、新党さきがけを結成。小沢一郎氏や羽田孜《つとむ》氏らが新生党を結成。前年の1992年5月には、細川護熙《もりひろ》氏が日本新党を結成している。

7月18日に、衆議院議員総選挙が行われた。自民党は223議席と過半数を割った。日本社会党は70議席、新生党は55議席、日本新党は35議席、新党さきがけは13議席を獲得した。その結果、日本新党代表の細川護熙氏を首班とする非自民・非共産連立政権が誕生した。

新進党結成から民主党結成へ

細川政権には、日本社会党、新生党、日本新党、新党さきがけに加えて、公明党（51議席）、民社党（15議席）、社会民主連合（4議席）、民主改革連合（参議院の会派）が参画した。8党派による連立与党は、「ガラス細工」と評された。抜きん出た議席を持つ政党がなく、政策の幅が広いなどのマイナス要素を抱えた不安定な政権だったからである。

それでも当初、細川内閣に対する国民の期待は大きかった。世論調査では内閣支持率71％を獲得している。頓挫《とんざ》していた政治改革にも着手した。

しかし、与党内そして与野党間の交渉は難航した。一般に、組織力・資金力に勝る大政党ほど小選挙区では有利である。比例代表は小政党の議席確保につながる。比例代表を細かく分割すると、小政党は議席を確保しにくくなる。当時の最大野党である自民党の考え方と、小政党連立政権の考え方には大きな開きがあったからである。

細川政権は次第に求心力を失い、さらに1994（平成6）年4月8日に細川首相の東京佐川急便からの1億円借り入れ問題が生じたため、その責任を取って総理は辞意を表明した。終わってみれば、9か月弱の短命政権だった。

代わって、羽田孜内閣が成立した。社会党を排除した院内会派「改新」が結成され、社会党、さきがけは閣外へ去った。少数与党連立政権となった羽田内閣はその2か月後に総辞職した。今度は、わずか64日の超短命政権だった。

政治の混乱を反映して、経済も低調に推移した。1989（平成元）年末に史上最高値を記録した日経平均株価は、1990（平成2）年末には2万3848円、1992

（平成４）年末には１万６９２４円、１９９４（平成６）年末には１万９７２３円と低落傾向を脱することはできなかった。

村山政権下で「小選挙区比例代表並立制」が確定

政治の混乱は続く。１９９４（平成６）年６月、羽田内閣が総辞職した後、自民党、社会党、新党さきがけの３党は、「自社さ」連立政権の成立に合意した。新生党・公明党・民社党・日本新党など旧連立与党はこれに反発した。内閣総理大臣の指名選挙では、自社さ連立の村山富市社会党委員長と、旧与党連立から指名された海部俊樹元首相の争いとなった。村山氏が２６１票、海部氏は２１４票だった。村山内閣が誕生した。河野自民党総裁は副総理兼外相に、武村新党さきがけ代表は蔵相として入閣した。

ここで指摘しておかなければならないことがある。「小選挙区比例代表並立制」が村山政権下で確定したことである。「小選挙区３００・比例代表２００」の区割り法案が最終決定され、１９９４（平成６）年11月、「衆議院小選挙区区割り法」が可決された。「衆議院選挙への小選挙区比例代表並立制」の導入と政党助成金制度の創設など「政治改革4法」が実現した。

新進党の成立と村山政権の終焉

1996(平成8)年以降の衆議院議員総選挙から「小選挙区比例代表並立制」がスタートすることになった。野党各党は、新しい制度への対応に迫られていた。小選挙区で自民党に対抗するためには、野党各党が合流して各選挙区で候補者を1名に絞らなければならなかったからである。

新しい政党を結成する流れが一気に進み、新生党・公明党・民社党・日本新党・自由改革連合などが結集した。新進党の結党である。1994(平成6)年12月のことだった。初代党首海部俊樹元首相、結成時の所属国会議員数は214人(衆議院178人、参議院36人)の巨大政党が結成された。

政界再編が進んだのだ。社会党は第二政党の地位から転落した。その後、社会党は衰退の一途をたどることになる。1996(平成8)年1月、村山政権は終焉を迎えた。跡を襲った橋本龍太郎政権のもとでも、白社さ政権の枠組みは継続した。

1990年ごろの政党の離合集散

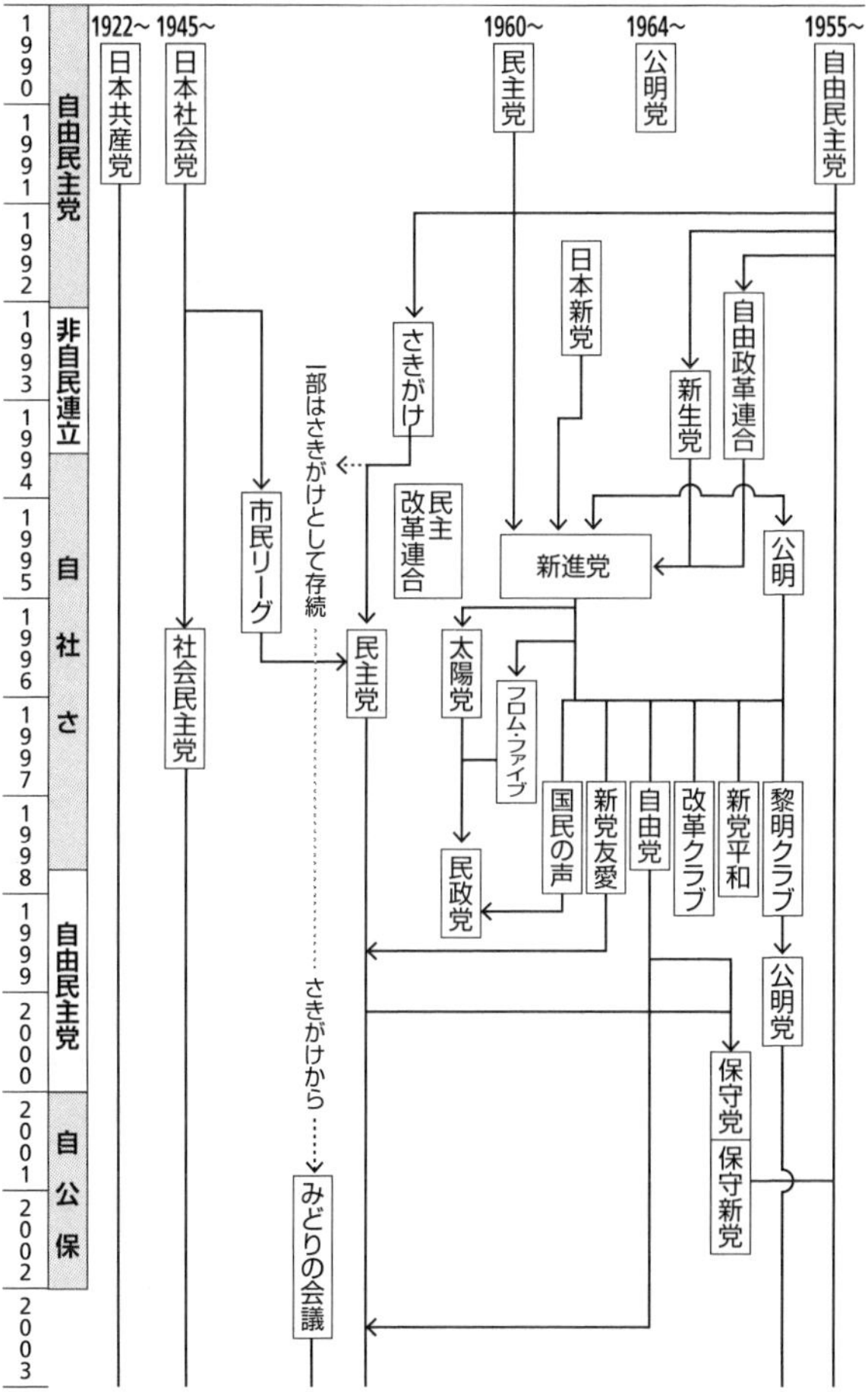

編集部作成

新進党の出現で、日本にも2大政党制の時代が到来するかに思われた。しかしそれは幻だった。

1996（平成8）年10月の衆議院議員総選挙で、新進党は政権交代を目指し、衆議院議員定数の過半数の候補者を擁立した。消費税率（3％）を20世紀中は据え置くこと、減税およびそれに伴う経済の活性化による財政再建を公約の目玉にした。しかし、解散前議席には届かなかった。

公共投資の拡大と日米摩擦

政治改革に忙しく、バブル崩壊の手当てができなかった

政治とカネの問題に端を発して、「政治改革4法」が成立した。小選挙区比例代表並立制のもとでは、比例で復活する人が多く出る。したがって、規模が大きな政党にとって有利になる。だからこそ大同団結するということで、前述のように新進党が結成された。

小選挙区比例代表並立制では、旧来の政治と経済の関係を大きく変えることは難しい。政権与党としては規模を大きく保つための選挙対策として、さらなる既得権益擁護に走らざるを得なくなるからである。結果的には、銀行が反対するため、本来急がねばならないバブル後の不良債権処理を行うことができなくなった。そして、建設業や地方が望む公共事業を増やす政策に邁進《まいしん》した。

例えば、公共事業は著《いちじる》しく増加した。GDP（国内総生産）比で見ると、1989（平成元）年には4％台だった公共投資は、90（平成2）年には6％台に増えている。1998（平成10）年には公共事業予算の絶対額は、当初予算9兆円、補正予算で6兆円、合わせて15兆円に達している。ちなみに、近年2023（令和5）年度の公共事業費の当初予算は6・1兆円である。

要するに、政治は政治改革で忙しく、バブル崩壊後に必要な不良債権処理にはとても手が回らなかったのだ。そこで、経済政策はすべて官僚に投げられた。

官僚は、今ある政策の微修正はできるが、抜本的な改革はできない。一方で政治の要請も受けて、目の前の対応策として公共事業費を増やしたのである。

アメリカの対日貿易赤字と日本たたき

国内の政治の混乱に加え、もう一つ重要な要素が絡んでいた。日米摩擦である。

1965(昭和40)年以後、日本とアメリカの貿易収支は逆転する。日本は黒字、アメリカは赤字という基調が続くことになった。アメリカの対日貿易が恒常的に赤字になるたびに、日米摩擦が起きた。

1970年代には「繊維」や「鉄鋼・カラーテレビ」でアメリカが輸入制限をちらつかせ、日本は対米輸出自主規制を受け入れている。1980年代には、農産物(米・牛肉・オレンジ)や日本車が槍玉にあげられ、日本は輸出自主規制を受け入れた。

1985(昭和60)年には、アメリカの対日貿易赤字が500億ドルに達した。日本の投資・金融・サービス市場の閉鎖性が批判され、いわゆる「ジャパンバッシング」(日本たたき)が起きた。同じ年の9月に先進5カ国蔵相・中央銀行総裁会議(G5)で「プラザ合意」が発表された。ドル高是正のために、参加各国の通貨を一律10~12%切り上げるという合意であったと推察される。

それを可能にするような、マクロ政策の協調(アメリカは財政赤字縮小、それによる世界経済の縮小を防ぐべく欧州と日本は拡大政策を採る）が合意されたのだ。

結果的に、急激な円高が進んだ。1ドル＝235円前後から1986（昭和61）年7月には150円台になった。しかし、アメリカの対日貿易赤字が減ることはなかった。

1988（昭和63）年8月、アメリカ連邦議会は、不公正貿易国に対する徹底交渉と制裁を目的に、通商法301条を強化する形で「スーパー301条」を成立させた。1989（平成元）年5月には、アメリカは「スーパー301条」を盾に、日本の市場開放を強く迫った。日本の経済構造そのものの問題点までが、論議の対象となったのである。

例えば日本の富士フイルムが系列店を持っているために、コダックのフィルムが売れない。そういうことが大きな問題になったのである。

当時経団連アメリカ委員会は、アメリカの主要110社の経営幹部を対象に日米経済関係の現状や日本市場の評価についての意識調査を行っている。それによれば、回答者の52％が、日本の輸入規制・障壁が日米間の巨額な貿易収支不均衡の主たる原因であると指摘している。

10年間で630兆円の公共投資を約束

1989（平成元）年から5回にわたって「日米構造協議」（SII：Structural Impediments Initiative）が開催され、1990（平成2）年6月に「日本構造協議最終報告」が取りまとめられた。

「最終報告」の中で、アメリカは日本に対して、GDPの10％を公共事業に配分することを要求した。アメリカの論拠は日本では貯蓄に比べて投資が少ない。その分が対米黒字に回る。だから日本は投資を増やすべきだ。ただし、産業の投資を増やすと、産業が強くなって対米輸出がさらに増える。だから公共事業を増やすべきだ。そう主張してアメリカは日本にプレッシャーをかけたのである。

当時の海部内閣はこれに応え、10年間で総額430兆円の「公共投資基本計画」を策定した。その後、アメリカの要求はエスカレートし、さらなる上積み要求がなされた。

1994（平成6）年には村山内閣の下で計画が見直され、社会資本整備費としてさらに200兆円を積み増し、総投資額は630兆円に達した。先に紹介した公共投資増加の背景には、日米経済摩擦があったのである。

10年間でホールが1000館建設された

日本の政治は、国内では選挙制度改革に終始し、海外からの外圧に見舞われた。そのため、すべての政策が「リアクティブ」になった。当面のことをひたすら処理する、対症療法的な対応に終始せざるを得なかったのである。

公共投資の増額はいわゆる「箱もの行政」などで賄《まかな》われた。それを象徴する数字が「ホール」数である。日本では1960年代以降、地方公共団体による劇場や美術館などのホール整備が本格化し、現在は約3000館ある。そのうちの1000館を超える施設が、1990年代の10年間で設置された。

単純に計算すれば、年間100館だ。1年を52週とすれば、日本の地方自治体のどこかで毎週2館が建設されていたことになる……驚くべき数だ。当時の建設業は好景気に沸いた。ゼネコン（総合建設業者）では取締役の数が多かった。なぜか。起工式や完工式には取締役が出席する慣行があるからである。

その結果として、現在の日本の各地に立派な音楽ホールや美術館がある。それ自体は決して悪いことではない。しかし残念なことに、それを運営する予算やノウハウ、コンテンツは乏しいままだ。

橋本内閣成立の経緯

日本が規制緩和をすれば、アメリカからの輸入を増やすことができる。不良債権処理を行えば経済が活性化して、GDPが増える。GDPが増えれば輸入も増える。当時の日本はそういう政策を選択することなく、安易な方法で対応した。結果的に政策は「パッチワーク」になり、大きな改革を伴わない官僚主導型に終始した。

当時の公共事業費総額430兆円を、別の用途に使うと何ができるのか。床面積と建設単価で単純に割り算すると、東京23区の建物すべてを建て替えることができたといわれる。当時の公共事業は「箱もの行政」の極みだった。

日本が欧米にキャッチアップしようとしていた時代は、ある程度、官僚に任せてもよかった。しかし、すでにキャッチアップを終えた段階では、政治家がリーダーシップを取らなければならない。多くの政治家はそう考えた。政治の中での競争が必要だった。

そのために、二大政党制で政権交代できるようにと、中選挙区から小選挙区に総選挙制度を変えた。小選挙区制では弱小政党の議席が失われる。そこで、比例代表制を並立させた。

そのプロセスで国内政治が滞り、日米摩擦という外圧がそれに拍車をかけた。結果的に、官僚主導のリアクティブな対応に終始せざるを得なかった。政治の世界でそのような認識が広がる中、1990年代後半に橋本内閣が登場する。それまでの反省を踏まえ、橋本内閣は根本的な行政改革を企図した。

民間人を導入した橋本行革の貢献

20年ごとに行われた行政改革

行政改革とは、国や地方公共団体の行政組織や行政機能を改変することである。具体的には、省庁再編や制度・規制改革、民営化や地方分権などの実施を指す。戦後、日本はほぼ20年ごとにこうした行政改革を行ってきた。

第二次世界大戦後、行政組織の改革・再編成が行われた。その後、行政改革のための審議会が設置され、1952(昭和27)年〜1959(昭和34)年まで5次の行政審議会が設置された。

1961(昭和36)年には、総理府の付属機関として「第一次臨時行政調査会」(第一次臨調)が設置された。会長は、佐藤喜一郎・三井グループの総裁。いわゆる「佐藤臨調」である。「佐藤臨調」は1964(昭和39)年に、行政組織や運営全般について総合的な改革案を示したが、残念ながらこれらは十分実現されなかった。

その20年後の1981(昭和56)年には、第二次臨時行政調査会(第二次臨調)が設置された。会長は、土光敏夫・経団連会長。いわゆる「土光臨調」である。当時の鈴木善幸内閣は「増税なき財政再建」を掲げていた。これを達成するために、土光臨調は、行政が目指すべき目標として「活力ある福祉社会の建設」と「国際社会に対する積極的貢献」をあげ、公的部門の縮小や行政機構の改革を提言した。

1982(昭和57)年11月には中曽根康弘内閣が誕生する。「土光臨調」は、日本国有鉄道(国鉄)、日本電信電話公社(電電公社)および日本専売公社の民営化や特殊法人等の整理合理化を答申し、大きな行政改革が実施された。土光臨調の名は、今日でもよく知られている。

行政改革推進本部設置と橋本行革会議

「土光臨調」の答申に基づく行政改革の推進と監視のための機関として、１９８３（昭和58）年に「臨時行政改革推進審議会」（行革審）が設けられる。行革審は、行政改革の主要な課題として、規制緩和の推進を位置づけた。

１９９６（平成８）年１月に橋本龍太郎政権が誕生し、橋本総理を会長とする「行政改革会議」が設置された。橋本総理が提唱する「６大改革」の最大の目玉である「行政改革」の具体案を作成するための組織である。ちなみに「６大改革」とは、「行政改革」のほか、「財政構造改革」「経済構造改革」「金融システム改革」「社会保障改革」「教育改革」である。

行政改革会議は錚々《そうそう》たるメンバーで構成された。有馬朗人・東京大学名誉教授、飯田庸太郎・三菱重工業株式会社相談役、猪口邦子・上智大学法学部教授、河合隼雄・国際

日本文化研究センター所長、塩野谷祐一・一橋大学名誉教授、豊田章一郎・トヨタ自動車株式会社取締役会長、水野清・内閣総理大臣補佐官、諸井虔・秩父小野田株式会社取締役相談役、渡邉恒雄・読売新聞社代表取締役社長である。

メンバーに官庁出身者が一人もいないということは、明記しておかなければならない。

中央省庁再編で1府12省に

行政改革会議は、内閣機能の強化、新たな省庁のあり方などの「中央省庁等改革」を内容とする最終答申を1997（平成9）年に公表した。

行政改革の必要性について、最終報告では以下のように指摘している。

不透明で閉鎖的な政策決定過程……、各省庁の縦割りと、自らの所管領域には他省庁の口出しを許さぬという専権的・領土不可侵的所掌システムによる全体調整機能の不全といった問題点の打開こそが、今日われわれが取り組むべき行政改革の中核にある

（「最終報告」5頁）

これを受けて、1998（平成10）年に「中央省庁改革基本法」が制定された。2001（平成13）年、中央省庁は1府22省庁から1府12省に再編され、これが現在の中央省庁体制に至っている。

橋本行革の特筆すべき狙いは2つあった。それは、政治主導すなわち総理主導の政策決定を可能にすること、そして政策決定のプロセスに民間の知見を導入することである。

その具体策として、まず総理官邸の機能を強化した。内閣総理大臣の基本方針や政策の発議権を明確にしたうえで、内閣総理大臣の補佐支援体制として内閣官房、内閣府などを設置することを定めている。また内閣府の機関の一つとして「経済財政諮問会議」が設置された。

内閣府と内閣官房の違いはわかりにくいが、英語に直すと明確になる。内閣府は「キャビネット・オフィス」。つまり旧総理府、経済企画庁、沖縄開発庁などを前身としている。一方、内閣官房は「キャビネット・セクレタリアト」。つまり総理大臣が必要に応じて任命することができる、いわば秘書的な機能を担う。

民間の知恵を入れる

もう一つの重要な点、民間の知恵を入れるということについてはどうか。日本国憲法では国務大臣（閣僚）について次のように規定している。

第68条「内閣総理大臣は、国務大臣を任命する。但し、その過半数は、国会議員の中から選ばれなければならない」とされている。

内閣を構成する内閣総理大臣以外の国務大臣の定数は、復興庁を含めて15人以内とされ、特別に必要がある場合には3人を限度に増加することができる。裏を返せば、理論上7人（あるいは8人）の民間人を閣僚に任命することができることになる。

戦後の吉田内閣から現在まで、24人の民間人が閣僚に任命されている。橋本行革後に限っていえば、9人の民間人閣僚が任命された。しかし、2012（平成24）年の野田内閣以降、民間閣僚は誕生していない。

アメリカの政治任用者と日本の民間人の違い

日本の政策過程には、審議会や委員会のメンバーとして多くの民間人が参画している。しかし、政策過程を支配しているのは依然として官僚である。残念ながら民間人は、政策過程でほとんど機能していない、といってよい。これは日本の企業で社外取締役が十分機能していないことと似ている。

政治家は次の選挙のことを常に考えている。大臣になりたいとか、将来的には総理を目指すとか考える。しかし、民間人の場合には、そんなことは考えなくていい。アメリカでは、各省長官などのポストに多くの民間人を採用している。

政治任用といわれる制度で、その数は約3000人に上る。「リボルビング・ドア」と呼ばれ、いずれ民間に戻る。そのため、いつ辞めてもいいと思っている。だから、思い切った政策ができる。

ところが、日本で政策過程に参画している民間人は、次も任命してもらおうと思っている人が少なくない。したがって、官僚の意に沿って行動する人が多くなる。

立派な役割を果たしている民間委員も確かにいるが、多くの人は官僚に忖度《そんたく》しながら政府委員に留まって、自らの経歴にその肩書きを記すことを考えている……残念ながら私にはそのように映る。

役人の天下り先としての社外取締役

話は多少飛躍するかもしれないが、社外取締役についても同じことがいえる。例えばユニクロ代表取締役会長の柳井正氏が、ソフトバンクの社外取締役に就任したときのことである。取締役会で孫正義さんの提案に堂々と反対したという。いつ辞めてもいいと思っているからである。

ところが現実には正反対のことが起きている。社外取締役の多くは、いつ辞めてもいいとは思っていないからである。日本取締役協会によれば、東証プライム市場上場企業1644社(2024年10月28日現在)のすべてで社外取締役を置いている。延べ人数は6万7337人に達している。

問題はどのような人が社外取締役に選定されているか、である。供給源の一つは、退職した官僚である。天下り先が少なくなった役人が、2〜3社の社外取締役を兼務する。

そうすると公庫・公団に天下ったときとほぼ同じ年収になる。彼らにとって、社外取締役が再就職先である。したがって、いつ辞めてもいいとは思っていない。だから、社長には絶対に歯向かわない。いわば「社外取締役業」になっているということである。

官僚依存政治と日本経済の明暗

「省庁設置法」が縦割り行政を保障している

さて、橋本行革のときにできなかったことが一つある。縦割り行政を改めることである。日本には、縦割り行政を保障する「省庁設置法」という法律がある。

この法律が、各省の権限と所掌範囲を厳格に規定している。１９４８（昭和23）年に「国家行政組織法」が制定された。国の行政機関の組織の基準を定めて、行政事務を能率的に遂行するための法律である。各省庁は、この法律が示す基準に基づき、それぞれの省庁設置法によって内部組織ならびに内部組織の所掌事務を定めている。

次の３つの条文がポイントである。

第3条3項 「省は……各省大臣の分担管理する行政事務及び……当該大臣が掌理する行政事務をつかさどる機関として置かれる」

第4条 「前条の国の行政機関の任務及びこれを達成するため必要となる所掌事務の範囲は、別に法律(注:省庁設置法)でこれを定める」

第5条 「各省の長は、それぞれ各省大臣とし、……それぞれ行政事務を分担管理する」

縦割り行政では、現実の問題になかなか対応できない。例えば、年金問題である。厚生労働省から切り離して、総理直轄で取り扱うべき重要課題である。しかし、それができない。省庁設置法で厚生労働省の所掌になっているからである。

橋本行革では、もっと柔軟にしようという意見も出た。各省庁からの猛反対で、現在でも厳格な省庁設置法は残っている。それが縦割り行政を保障している。

官僚主導では政策が利権になる

橋本行革の結果が今の時代につながっている。政治は勢力拡大と支持者拡大のための政策に終始し、不良債権処理には消極的だった。政策は官僚に依存した。官僚依存では大きな政策決定はできない。そして天下り組織を拡大させてしまう。

なぜ官僚依存では駄目なのだろうか。今から17~18年前のことである。小泉進次郎氏から、「官僚主導はなぜ駄目なんですか」と聞かれたことがある。進次郎氏はコロンビア大学大学院でジェラルド・カーティス教授らに師事し、修士課程を終えて日本に帰ってきたころのことだった。いい質問だと思った。私は次のように答えた。

「一つは、官僚は選挙による国民の信託を受けていないことである。したがって、制度を大きく変えるような決定は官僚にはできない。もう一つは、日本の官僚組織が終身雇用・年功序列になっていることである。国民の経済厚生を高めるためにいいと思う政策よりも、次の天下り先を確保するための政策を選ぶ。つまりは、政策が利権になるということである」

官僚の目的関数は影響力の最大化

2008(平成20)年9月15日、米投資銀行リーマン・ブラザーズが経営破綻した。これを機に、世界的な金融危機と不況がやってきた。巨大金融機関への救済措置がとられなかったことで市場参加者に不安が広がり、企業にお金が出回らなくなる信用収縮が深刻化した。生産活動や貿易の減少など、実体経済に大きな下押し圧力がかかった。いわゆる「リーマン・ショック」である。

政策の利権化は、このリーマン・ショックの後に典型的に表れた。アメリカも日本もリーマン・ショックの後、巨額の補正予算を組み、経済対策を行った。アメリカはその約半分は減税だった。つまり、民間にお金を使わせた。

一方、日本はその90%以上が、補助金や公共事業などの政府歳出増だった。つまり、政府がお金を使った。同じ財源を使うのであれば、減税よりも公共投資などで政府が直接何かをするほうが、業界などに影響力を及ぼすことができるからである。

経済学では、企業の目的関数は「収益最大化」だと考える。企業は収益の最大化を目指して活動するということである。同じことを官僚に当てはめるなら、官僚の目的関数は「影響力の最大化」といえる。その影響力が、将来的な経済的な利益にも結びつくからである。

橋本行革から20年以上経過した

ここでもう一つ、重要なことを指摘しておかなければならない。橋本行革から20年以上たっているということである。どのようなシステムにも経年劣化は起きる。とりわけ、この20年の変化は、それ以前の20年間より大きい。もっと早く行政改革を行うべきだった。ところが、いまだに本格的な行革の話は出てこない。

例えば、前にも述べたように私たちは国に2通りのお金を払っている。税金を国税庁に払い、年金など社会保険料は日本年金機構に払っている。なぜ2通りなのか。歳入庁に一本化すればいいのではないか。そこを思い切ってデジタル化し、デジタル歳入庁をつくれば、記録漏れもない。自分がいくら税金を払って、どのくらいのベネフィットを受けているかが容易にわかる。

明治以来の伝統がある国税庁は組織としてはきちんとしているが、年金機構は記録さえ十分できなかった。歳入庁についてはは小泉内閣のときにすでに提案されている。それが20年以上たっても、いまだに実現していない。ちなみに、政権交代したときの民主党の政策公約の中には歳入庁が入っていた。実現されなかったが……。

アメリカもイギリスも歳入庁があり、一か所に統合されている。2つに分ける必要はない。

複雑なプロセスを飛び越す技

すでに紹介したように、日本の政策決定のプロセスは複雑である。しかし、その複雑なプロセスを飛び越す技がある。

一つは総裁選挙のときに明確に主張してしまうことである。その人が総裁になれば、やらざるを得ないことになる。その政策にレジティマシー（正当性）が生じるからである。これを上手に使ったのが菅総理だった。総裁選挙のときに、デジタル庁をつくると言った。総裁選挙は、大きな政策を打ち上げて実現するチャンスである。

もう一つの技は、総理の所信表明演説で述べることである。政策決定の仕組みは複雑で、政府（内閣）が重要な決定をするときは、事前に与党の了解を得る必要がある。具体的には自民党の総務会だ。しかし所信表明演説は、総務会決定をするわけではない。国会で総理が明言した政策は実行せざるを得ない。これを使ったのが郵政民営化における分社化だった。

私は小泉総理から、国会演説の中で郵政民営化のところをどう表現するか、考えてほしいと言われた。そこで私は、郵政という組織を分割する、いわゆる分社化のことも入れて小泉総理に伝え、小泉総理は演説の中でこれを明言した。後で細田博之幹事長に呼ばれて、私は叱られた。が、後の祭りだった。

第七章 政治主導は成功したのか？

この章では、前章に引き続いて政治の動きと経済政策の動きをレビューする。対象は主として、2001年の小泉内閣から2009年の民主党への政権交代前夜までの期間だ。とりわけその中で、政治主導、より具体的に総理官邸主導を実現するための仕組み（経済財政諮問会議など）がどのように活用されたのか、また活用されなくなったのかは重要なポイントだ。

また公務員制度改革の本来の狙いで実現された点、されなかった点も注視しなければならない。これらはいずれも、今後日本経済の改革を進めるうえで重要な視点となる。

総理主導の経済財政諮問会議

昆虫学者が昆虫になった

筆者が政策決定プロセスに最初に参加したのは、「経済戦略会議」のメンバーになったときである。総理官邸に呼ばれて、複雑なプロセスに触れた。「このようになっているのか」と実感した。

昆虫学者が昆虫になった瞬間だった。政策研究をしていた私（研究主体）が、研究客体になったからである。政策決定プロセスの内側から見える景色はまったく違った。学者として見ると、政治家は一体何をやっているのかと思う。政策決定の現場では、学者が言っていることはそのままでは使えない。

ロマン・ロランの有名な名言がある。「知識人は政治家を軽蔑し、政治家は知識人を軽蔑する」。それがわかったような気がした。

見える景色の違いは、奥が深い。一人の大学院生に私の秘書官を務めてもらったときのことである。彼は、秘書官として永田町を歩き回って一つの興味深い事実を「発見」

した。常任委員会の名称が異なることである。衆議院は「財務金融委員会」であり、参議院は「財政金融委員会」である。

実は、アメリカでも上院と下院で常任委員会の名称は異なっている。理由は定かではないが、それぞれ違う歴史があり、プライドがあるからだろう。例えば、衆議院は予算を重視し、参議院は決算を重視する、といった具合だ。

橋本内閣から小渕内閣へ

1995（平成7）年から96（平成8）年にかけて、日本の景気は一時的に持ち直した。しかし、1997（平成9）年7月、香港の中国返還の直後、タイ・バーツ急落が起きた。これをきっかけに、アジア諸国で通貨が急激に下落した。「アジア通貨危機」である。アジア諸国の経済は縮小した。アジア諸国へ工業製品を輸出する産業が多かった日本にも悪影響が及び、日本の景気は急速に冷え込んだ。

1997（平成9）年秋、日本の金融危機が表面化した。11月には、北海道拓殖銀行が破綻する。北海道拓殖銀行は北日本で最大の銀行だった。日本で第4位の証券会社・

山一證券も破綻した。1998（平成10）年10月には日本長期信用銀行が、11月には日本債券信用銀行が破綻した。この年の日本経済は実質マイナス成長に転じた。

1998（平成10）年7月の参議院選挙で、自民党は大敗した。改選前の60議席から44議席に減らして、過半数を割り込んだ。金融危機と不良債権問題の影響が大きかった。橋本内閣は退陣し、小渕恵三内閣が発足した。

行革会議の最終報告を法制化した「中央省庁等改革基本法」は参議院選直前の6月に公布・施行された。小渕内閣は、橋本内閣を受け継いで中央省庁等への準備を進めた。内閣府設置法等の中央省庁改革の実施法は、1999（平成11）年の通常国会で成立した。

「経済戦略会議」を設置

小渕首相は政権構想の柱として「経済戦略会議」を設置した。政策形成プロセスへの民間人の取り込みのための新たな方式だった。経済戦略会議は国家行政組織法第8条（「審議会」）に基づいて、首相直属の機関として総理府に置かれた。民間から経済企画庁長官として入閣した堺屋太一氏が、強く主張したためである。

国家行政組織法第8条（「審議会」）は次のように定めている。

国の行政機関には、……、重要事項に関する調査審議、不服審査その他学識経験を有する者等の合議により処理することが適当な事務をつかさどらせるための合議制の機関を置くことができる。

1998（平成10）年8月の閣議では、経済戦略会議について2つの重要な決定がなされた。一つは、会議の委員は10名以内で、原則として公務員および公務員OB以外の者から選ぶこと。もう一つは、事務局員のうち相当数は、現職国家公務員以外から登用すること。経済戦略会議は、他の各省とは一線を画す設計となっていたのである。

経済戦略会議の委員は10名。議長は樋口廣太郎・アサヒビール会長、議長代理は中谷巌・一橋大学経済学部教授だった。そのほか、井手正敬・JR西会長、伊藤元重・東京大学経済学部教授、奥田碩《ひろし》・トヨタ自動車社長、鈴木敏文・イトーヨーカ堂社長、竹内佐和子・東京大学工学部助教授、寺田千代乃・アートコーポレーション社長、森稔・森ビル社長、そして私自身（当時、慶應義塾大学教授）だった。

答申「日本経済再生への戦略」とは

経済戦略会議は、１９９９（平成11）年2月、「日本経済再生への戦略」を答申した。大胆な構造改革、規制改革、公務員制度改革、不良債権処理、過剰設備処理促進など5つの基本戦略が盛り込まれた答申だった。

あまりにも大胆な提言だったため閣議決定はされず、閣議報告にとどまった。２０００（平成12）年4月、小渕首相が突然逝去したこともあって、十分実行されることはなかった。

しかしその後、経済戦略会議での議論は「経済財政諮問会議」へとしっかり受け継がれていく。小渕恵三内閣の後、森喜朗内閣が誕生する。橋本行革は２００１（平成13）年の1月1日から施行された。さらにその3か月後の4月に、小泉純一郎内閣が誕生した。

日銀総裁は民間人枠

小泉内閣は、成立直後から橋本行革の成果を活用できる立場にあった。最大のポイントは「経済財政諮問会議」という新しい仕組みだった。

経済財政諮問会議は、日本の内閣府に設置されている「重要政策に関する会議」の一つである。1999（平成11）年に施行された「内閣府設置法」には「重要政策に関する会議」として、「経済財政諮問会議」の設置が明記されている。

> 本府（内閣府）に、内閣の重要政策に関して行政各部の施策の統一を図るために必要となる企画及び立案並びに総合調整に資するため、内閣総理大臣又は内閣官房長官をその長とし、関係大臣及び学識経験を有する者等の合議により処理することが適当な事務をつかさどらせるための機関（以下「重要政策に関する会議」という。）として、次の機関を置く。……経済財政諮問会議（第18条）

経済財政諮問会議は、法律で設置を義務づけられている会議である。この会議の最大のポイントは、総理が議長であるという点だ。

議長は、内閣総理大臣をもって充てる。（第21条）

閣議の議長も総理である。経済財政諮問会議で決めることは、ある意味では、内閣の最高意志決定機関である閣議で決めるのと同じぐらいの重さを持つことになる。

会議は、議長及び議員十人以内をもって組織する。（第20条）

議員の10名の構成については、同法第22条で定められている。内閣官房長官、経済財政政策担当大臣、財務大臣、総務大臣、経済産業大臣の5人は固定メンバー。「十分の四未満であってはならない」と定められている民間議員としては、財界から2名、学界から2名が選ばれる。民間議員はもう一人いる。日本銀行総裁である。日銀総裁は、実は民間人枠として経済財政諮問会議のメンバーになっている。

既得権益にとらわれない政策

小泉内閣成立直前の2001（平成13）年1月に、内閣府と経済財政諮問会議は発足していた。森内閣のときである。その会議を4月に小泉内閣が引き継ぐことになった。経済財政諮問会議は、すでに数回の会議を開催していた。議員は内閣総理大臣が任命することになっている。当時の民間議員は錚々《そうそう》たる人たちだった。牛尾治朗・ウシオ電機株式会社代表取締役会長、奥田碩・日本経団連会長、本間正明・大阪大学教授、吉川洋・東京大学教授。4人とも信頼できる人たちである。

財務大臣の宮澤喜一氏が塩川正十郎氏に代わり、経済財政政策担当大臣が麻生太郎氏から私に代わった。それ以外の議員は代わることなく経済財政諮問会議がスタートした。経済財政政策担当大臣に任命された私は、この重要な会議の運営責任者となった。

経済財政諮問会議の役割は、総理主導の政治のリーダーシップを発揮して、既得権益にとらわれない政策を立案することだった。

官僚主導ではできない、根本的な改革を実現するためである。そこで最初のポイントになったのが「骨太方針」だった。

骨太方針の大きな意義

「骨抜き」の「骨太」から「骨太方針」へ

実は、２００１（平成13）年1月の時点で「骨太方針」という名の方針をまとめることが決まっていた。当時の財務大臣は宮澤喜一氏だった。財務省は、自分たちの予算権限が経済財政諮問会議に移ることに反対していた。

そこで、当時の宮澤財務大臣は、官僚の意を受けて次のように述べた。従来通り予算に関しては財務省に任せて、経済財政諮問会議では天下国家を論じる「骨太」の議論をしてほしい。細かな政策の議論をするべきではない。財務省はそう考えていたのである。「骨太」の方針をつくるための作業はすでに動き出していた。そこで私は小泉総理に伝えた。「骨太の方針を引き継ぎましょう。ただし中身を変えましょう。具体的な政策の話をして、小泉内閣の構造改革のバイブルにしましょう」

小泉総理は言った。「それをやろう」

「骨太の方針」の中身を大幅に変えることにした。財務省は当初「骨抜き」のつもりで

「骨太」といった。それを逆転させたのである。第1章をすべて書き直すことにした。書き直しは岩田一政・内閣府政策統括官に依頼した。岩田氏は、その2年後に日銀副総裁に就任し、現在は日本経済研究センター理事長の職にある。

例えば「創造的破壊」や「不良債権処理は一丁目一番地」という言葉を入れていただいた。第1回目の「骨太方針」が出来上がった。それを総務会で説明したときに「竹中さん、あんたは何様のつもりだ」と言われたことはすでに紹介した。

経済政策と財政を一体化する

小泉改革で最も重要なイシューは、バブル後の不良債権処理と郵政民営化だった。それを実現するためにも、小泉内閣は大きな基本改革を行おうとしていた。政策決定の仕方そのものを変えることである。その基本は、マクロ経済政策と財政政策の統合である。そもそもそれが、経済財政諮問会議を設けることの基本的な趣旨だった。

２００１（平成13）年の行革以前は「マクロの経済運営は経済企画庁、財政は大蔵省」――これが当たり前のこととされていた。しかしマクロ経済運営と財政を分けるのは明らかにおかしい。経済政策には必ず財政の裏づけが必要になるからである。企業を例にとればわかりやすい。企画部が売上10%増と言っているのに財務部が売上5%増と、整合性のないことを言ったら、その企業はまともな経営をすることができないだろう。

経済財政諮問会議では、不良債権処理を明確にしたうえで、経済政策と財政を一体化する。それを実現したのが「骨太方針」だった。

「骨太方針」の3つのポイント

当初の「骨太方針」には、3つの重要ポイントがあった。1つめは、公共事業の削減である。バブル後の日本は、不良債権処理を避けてその場しのぎの公共事業に傾斜していたからである。

2つめは、原則として補正予算を組まないことである。そもそも補正予算とは、当初予算を作成した以降に、大災害や戦争、世界的な経済危機など、予想外のことが起きたときに対処するものだ。にもかかわらず90年代には、ほとんど年中行事のように秋に補正予算が組まれていた。本予算で実現できなかったことを補正予算で確保するということが、各省で慣行のように行われていたのだ。これは財政を不健全にし、非効率にすることにほかならない。そこで、こうした年中行事的な補正予算は行わないことを明確にした（残念ながら近年、こうした姿は大きく逆戻りしている）。

3つめは、諮問会議での議論を透明化したことである。ある意味これが、最も重要な改革だった。経済財政諮問会議が当時それなりに力を持ち得たのは、小泉総理が議長であることに加えて、議事録を3日後に公開したからだと思っている。

議事録の公開によって、何が議論されてどのようなことについて抵抗があるのかがわかる。総理の指示が明らかになることによって、総理のリーダーシップも見える。表向きには、「議事要旨」の公開としたが、実際には議事のほとんどすべてを公開した。多くの人が、経済財政諮問会議に注目するようになった。

会議では事前の根回しを行わなかった

もう一つ、重要なことがある。民間議員が提案する改革のペーパーを、事前に各省に根回ししなかったことである。これこそが経済財政諮問会議の肝だった。

最初は大きな抵抗があった。内閣府には、他の省庁からの出向者が少なからずいる。彼らは、どのような議論がなされるのかを知りたがる。自分の属する本省の利害にかかわるかもしれないからである。いずれは本省に帰る人間としては、当然のことかもしれない。

そこで「民間議員室」を設置した。民間議員とわれわれだけで議論する場、いわば「裏会議での戦略作戦」の場だった。秘密主義だと批判された。そこで何を議論するかというテーマだけは明らかにした。しかし、具体的に何を提案するかについては知らせなかった。隠すのは一苦労だった。

会議の前日に私が一人で小泉総理のところに行って、議論の概要を説明する。できれば総理から、こういう指示を出してくださいということも伝える。総理は了解する。

会議では、民間4議員共通の主張をまとめたペーパーが提出される。激しい議論が展開される。まさに江戸時代の「お白州」のようなものである。どちらが正しいかを総理が判定する。総理の一言で決まる。緊張感に満ちていた。

「裏会議での戦略作戦」「民間4議員共通の主張」「総理の一言」は、経済財政諮問会議運営の一貫した3点セットだった。

当然のことながら、経済財政諮問会議の動向に世間の注目が集まった。当時の内閣府合同庁舎4号館1階に講堂があった。そこで経済財政諮問会議が終わった後、記者ブリーフィングをした。講堂は満員になった。

私が辞めて以降、ペーパーは事前に根回しするようになった。そのため、改革的な提案は事前に修正され、おとなしい内容になった。また会議での議論が漏れ、事前にわかるようになった。会議から緊張感が失われた。

最近は、担当大臣は記者ブリーフィングもせず、事務方が記者ブリーフィングするだけになったという。記者はほとんど参加しない。経済財政諮問会議は、総理主導の政策実現の場として十分機能しなくなった。

経済見通しの年央改定と予算編成

マクロ経済政策と財政政策の統合ということで、もう一つ行ったことがある。経済見通しの年央改定である。これは、アメリカに倣《なら》ったことだった。

「経済見通し」とは、その年度の経済の成り行きを予測することである。それは財政とセットになっている。財政政策によって経済の動向は変化するからであり、また経済の動向を見据えて財政政策を行う必要があるからだ。しかし当然のことながら、経済の状況は年の中ごろには変わってくる。年度当初の「見通し」のままでいいのかどうか、その年の中ごろに改定を行う。その時点で状況が大きく変わっていて、悪くなっているのであれば、補正予算を組むことになる。

「年央改定」を行うということは、至極当たり前のことのように思える。その年央改定を日本ではそれまで、行ってこなかった。1年に1回の経済見通しを出すだけではなく、年央改定を行う。そうすることによって、次年度の経済見通しをより正確に行うことができるようになる。それをもとに予算を組むという「マクロ経済のマネジメント」ができるようになった。

すべての政策には予算が必要である。以前の日本では、予算案が決まる12月末にドタバタと政策も決まっていた。経済がどうなるかということの議論はほとんどなされなかった。訳もわからずに補正予算が組まれた。当然のことながら、予算を握る財務官僚が絶大な力を持った。

小泉改革ではそれを大きく変えた。夏に「骨太方針」で政策をオープンに議論して決定し、それに合わせて財務省が予算を粛々とつけるという形に変わった。政策決定と予算査定のプロセスを切り離したということである。

自民党総務会・財務省の反応と対応

当初、財務省も政治家も「骨太方針」には大反対だった。それは当然のことだった。予算案が決定されるときに政策も決まる、という従来のやり方では財務省が決定的な力を持つ。また政治家も、予算をバタバタ決めるときに口利きして存在感を示す。それができなくなるのだ。

自分たちが直接関与できない諮問会議で意見が出され、総理が決める。その政策の実施を指示される。結果的に「既得権益」が侵害され、大きな権限を奪われることになる。政治家にとっては面白いはずがない。

しかし、財務省は賢かった。「骨太方針」が大事だということをすぐ理解し、2年次以降は、「骨太方針」を大事にするようになった。「骨太方針」が決まらないと予算を組むことはできない。財務省は「骨太方針」をうまく使うというスタンスに変わった。予算の口利きをしていた政治家にとっては、非常に不都合だった。だから「竹中さん、あんたは何様のつもりだ」と言われたのだ。

自民党の最高意思決定機関である総務会の対応も、興味深いものだった。当初は大反対したが、最終的に「内閣が骨太方針を決めることは認めるが、中身を認めたわけではない」という決定を下したのである。

いかにも自民党らしい「ヌメヌメ」とした決定だった。これが政権与党の懐の深さともいえる。しかし一旦決定が下されると、次回から変えることが難しくなる。各議員も各省庁も、「骨太方針」に合わせて、いろいろな主張をするようになった。

「骨太方針」は、日本の政治と経済を考えるうえで大きな転換だった。政策運営の基礎を固めたうえで、不良債権処理と道路公団民営化、郵政民営化に進んでいった。

繰り返しになるが、小泉内閣が終わった直後から民間議員の提案「ペーパー」を各省に根回しするようになった。経済財政諮問会議の存在感は一気に下落した。「骨太方針」への注目度も低下した。

政治のパラドックスと第1次安倍政権

小泉改革を加速させる

2006（平成18）年9月、第1次安倍内閣が誕生する。安倍総理は、最初の記者会見で次のように述べた。

「はじめにはっきりと申し上げたいことは、5年間、小泉総理が進めてまいりました構造改革を私もしっかりと引き継ぎ、この構造改革を行ってまいります」

2006（平成18）年12月には、新しい教育基本法が成立し、公布・施行された。旧教育基本法が制定されたのは1947（昭和22）年のこと。それから半世紀以上が経過して、科学技術の進歩、情報化・国際化・少子高齢化が急速に進展した。教育基本法は社会の実情に合わなくなっていた。そこで、教育基本法の改正が行われたのである。安倍改革の成果の一つである。

最初の記者会見で安倍総理は、小泉改革を加速するようなことまで言った。しかし、現実には、小泉改革を加速させるような、大きな改革に取り組むことはできなかった。

クリック・サイクルという慢性病と短命内閣

第1次安倍内閣以降の一連の内閣を象徴する言葉がある。前述したフェルドマン氏の「クリック（ＣＲＩＣ）サイクル」である。

「Ｃ」はクライシス（Crisis）、「Ｒ」はレスポンス（Response）、「Ｉ」はインプルーブメント（Improvement）、「Ｃ」はコンプレイセンシー（Complacency）。日本語に直すと次のようになる。危機（Ｃ）が起こる。それに対して反応（Ｒ）する。経済は改善（Ｉ）される。それで安心して気が緩む（Ｃ）。その結果、再び危機を招く。

日本経済は90年代終盤、金融危機の縁に立たされた。それに対して不良債権処理などの改革を進め、その結果経済は良くなった。しかし「喉元過ぎれば熱さを忘れる」。その後は改革のモメンタム（勢い）が一気に低下した。フェルドマン氏は、日本がCRICサイクルという慢性的な病に陥っていると警告したが、現実に福田康夫内閣、麻生太郎内閣と短命内閣が続き、ついには民主党への政権交代につながっていった。

政権の短期長期――政治のパラドックス

国民は痛みに耐えている。改革で犠牲が出た。改革疲れ――小泉改革はさまざまな非難を浴びた。小泉総理は変人と言われた。就任当初は、次の参議院選挙を何とか乗り切れればいいとまで言われた。小泉総理は「自民党をぶっ壊す……」、そう言って、結果的に自民党は強くなった。5年5か月（1980日）の長期政権になった。

改革をしないと予期せぬことが起きる。「長期政権を目指す」と言うと短命になる。政治のパラドックスである。些末なスキャンダルで政権の屋台骨は揺らぐ。反対があることを承知で大きな問題を掲げているほうが、むしろ政権は安定する。政治の面白さともいえる。

不良債権処理や郵政民営化という大きな問題を抱えると、必ず凄まじい反対が出る。

同時に、心強い賛成の声も上がる。「強い反対」と「強い賛成」がにらみ合うと、政治状況は安定する。ところが大きな課題を掲げないと、政権はスキャンダルにのみ込まれる。

消えた年金記録問題が明るみに

第1次安倍内閣ができたときのことだった。郵政民営化のような大きな課題を掲げておきましょう、私は安倍総理にそう伝えた。しかし一部の財界人が強く反対した。「安倍晋三氏には、長い間、総理をやってもらいたい。だから、最初からあまりリスクを取らないようにしよう」と言ったのだ。

組閣当初、安倍内閣の支持率は70％を超えた。ところが3か月後に支持率は50％台に急落する。2006（平成18）年12月、郵政国会（2005年）で郵政民営化の造反として除名された議員を復党させた。復党した11人に対して、安倍総理は「おかえりなさい」と言葉をかけた。その一言が国民の反発を招いた。

半年後の2007（平成19）年2月には、「消えた年金記録」問題が明るみに出た。コンピュータに記録（年金番号）があるものの、基礎年金番号に統合・整理されていない記録が約5000万件あることが判明したのである。社会保険庁の年金記録管理の杜撰《ずさん》さが指摘されて大問題になった。

農林水産大臣の自殺と絆創膏スキャンダル

悪い出来事は続く。2007（平成19）年5月には、松岡利勝農林水産大臣が衆議院赤坂議員宿舎の一室で自殺した。資金管理団体の不透明な支出や献金問題など、「政治とカネ」をめぐる問題を野党から追及されている最中のことだった。

同じ年の7月には、赤城徳彦農林水産大臣の顔に貼られた絆創膏が話題になった。「食料の未来を描く戦略会議」に出席した赤城大臣の頬に大きな絆創膏、額には細長い絆創膏が2か所貼られていた。会見で赤城大臣は、絆創膏の理由を聞くマスコミに無愛想に対応し、理由を話すことを頑《かたく》なに拒んだ。さまざまな憶測が飛び交い、スキャンダルになった。

安倍内閣退陣への、ターニングポイントであったともいわれる。

第1次安倍政権の支持率はさらに下落した。2007（平成19）年8月には24％台に低下した。9月26日総理は退陣し、第1次安倍内閣は終焉《しゅうえん》した。

戦後の歴代総理の在任期間

歴代の総理の在任期間を見てみよう。

戦後、1957(昭和32)年から1972(昭和47)年まで、岸信介(1241日)、池田勇人(1575日)、佐藤榮作(2798日)と長期政権が続いた。

1972(昭和47)年7月に、早くから総理候補といわれ、満を持して登場した田中角榮総理は、1974(昭和49)年12月に辞職した。原因は「田中金脈問題」が発覚したことだった。『文藝春秋』11月号に掲載された論文(立花隆「田中角栄研究—その金脈と人脈」)で、田中ファミリー企業群が建設省の工事によって巨額の利益を得ていたことが暴かれた。「田中金脈問題」スキャンダルである。田中総理の在任期間はわずか2年半(886日)で終わった。

1976(昭和51)年2月、「ロッキード事件」が発覚する。アメリカの航空機製造大手のロッキード社による世界的な大規模汚職事件である。田中角榮氏は7月に、受託収賄罪と外国為替・外国貿易管理法違反の容疑により逮捕された。

自民党を離党したが、田中角榮氏は政界で隠然たる力を保持していた。田中総理の後、三木武夫内閣（747日）、福田赳夫内閣（714日）、大平正芳内閣（554日）、鈴木善幸内閣（864日）と続く。いずれも短命である。大平内閣、鈴木内閣は「角影内閣」と呼ばれた。田中氏の影響力が強かったからである。

大きな課題を掲げた中曽根長期政権

大きな課題を掲げると、長期政権になる。長期政権になると経済が良くなる。経済が良くなると長期政権になる。経済と政治の好循環が生まれる。

1982（昭和57）年には中曽根康弘総理が誕生する。「政界の風見鶏」と呼ばれることもあった中曽根氏は、田中角榮氏の後押しで政権を握った。「田中曽根内閣」と皮肉られた。田中氏の影響がさらに増したという意味で「直角内閣」とも呼ばれた。

中曽根総理は「戦後政治の総決算」という大きな課題を掲げた。3公社（国鉄、電電公社、専売公社）を民営化し、JR、NTT、JTが誕生した。日本航空の完全民営化へ道筋をつけた。アメリカのロナルド・レーガン大統領との「ロン・ヤス」関係を構築し、日米関係の改善に尽力した。

首相在職日数は1806日。戦後5番目の長期政権だった。位階は従一位。勲等は大勲位菊花章頸飾を受章した。

公務員制度改革と観光立国

各省の局長クラスはすべて総理官邸が指名

第1次安倍内閣のときから、今の政治と経済を考えるうえで非常に重要な問題が議論されている。公務員制度改革である。

橋本行革が目指したように、官僚主導の政策運営から政治主導の政策運営に移すためには、官僚のあり方も変えなければならない。各省幹部の人事を総理官邸が一元的に管掌するということである。それを目指して2008（平成20）年に「国家公務員制度改革基本法」が成立した。内閣人事院ができ、幹部を内閣が任命することができるようになった。

日本の行政が縦割りであることはすでに紹介した。わかりやすい例がある。役人は自己紹介するときに、「経済産業省の何々です」とか「厚生労働省の何々です」と言う。「日本政府の何々です」とは決して言わない。それは、彼らが「省」に所属しているからである。ひとたび役人になると、他の省に「出向」することはあるが、基本的には最初に所属した省の中にそのままいる。

国家公務員制度改革基本法では、各省の局長クラス以上はすべて総理官邸が指名できるようになった。

官僚は与党にも野党にも中立であるべき

2007（平成19）年に「公務員制度の総合的な改革に関する懇談会」が設置された。岡村正・株式会社東芝取締役会長が座長を、堺屋太一氏が座長代理を務めた。佐々木毅・学習院大学法学部教授や評論家の屋山太郎氏も、9人のメンバーの一人として名を連ねている。

「公務員制度の総合的な改革に関する懇談会」は、12回の会合を重ね、2008（平成20）年2月に「報告書」を出した。この「報告書」のポイントの一つは、官僚による政治家への接触を集中管理することを明記したことである。「報告書」では「公務員の役割を議院内閣制にふさわしいものにする（政官の接触の集中管理）」という表現で記されている。

日本の行政が、官僚主導になっているのには理由がある。官僚が政治の世界に食い込みすぎているからである。本来、官僚は政治的に中立でなければならない。与党に対しても、野党に対しても中立でなければいけない。

しかし、現実には、官僚は与党しか見ていない。それは、中央省庁の幹部がほとんど自分の席にいないことに如実に表れている。彼らは、政治家回りをしている。政治家にいろいろな法案の説明をして、「先生、よろしくお願いします」と伝える。それが中央省庁の幹部の仕事だった。官僚が行政のプロセスを取り仕切っているのだ。それをやめさせるために「政官の接触の集中管理」つまり政官の接触を制限するという案が示されたのだった。

「政・官の接触禁止」は削除された

例えばイギリスでは、議会の外で官僚が政治家に接触することを基本的に禁止している。一方、日本では官僚と政治家の接触はまったくの野放図状態だった。そこで、「懇談会」の当初案では、国会議員に対する政策の説明などの政務を行う「政務専門官」を設置することになっていた。政務専門官は各省の大臣を補佐する特別職である。

政務専門官以外の職員が、国会議員に接触することを原則禁止するという案だった。ところが、政治の状況が「改革」を妨げることになった。2007（平成19）年7月の参議院議員選挙で、自民党は議席数を減らし、第2党に転落。2008（平成20）年当時、自由民主党は衆議院では圧倒的多数を占めていたものの、国会はいわば「ねじれ」状態だったからである。その結果、さまざまな紆余曲折を経て、「政務専門官設置」および「政・官の接触禁止」の部分は削除された。

官僚は今でも、政治家の根回しのために議員会館を動き回っている。その意味で官僚主導は、依然として続いている。自民党は、橋本行革の残りの部分をきちんとしようとした。しかし、それができなかった。

「ポリティカル・アポインティー」と「リボルビング・ドア」

内閣人事院ができて17年が経過した。橋本行革で提案されたのは、30年以上前のことである。それでも、行政改革は完成していない。

実は、一部の新聞やメディアは内閣人事院に反対する論調を続けている。政権が自分の言うことを聞く役人を選ぶために内閣人事院をつくった、役人に政権忖度の傾向が広がったというような論調である。

それは基本的に間違っている。例えば、アメリカでは「政治任用」（ポリティカル・アポインティー）というシステムを採用している。大統領が代わるたびに、行政府の各省局長以上も代わる。その数は3000人以上にも及ぶ。官公庁と民間企業との間で人材が流動的に行き来する仕組みで、「リボルビング・ドア」（回転ドア）と呼ばれる。

政治主導の政策を実現するためには、政治リーダーの方針に従う官僚が必要であることはすでに紹介した。ところが一部の新聞は、「そんなことをすると役人はやる気をなくす」「役人のインセンティブが落ちる」と堂々と書いている。ヒラメみたいに、政権の意向ばかり気にする役人が出てくるという批判である。「忖度」という言葉が広まってから、こうした論調がますます広がっているように見える。

社員が社長を忖度するのは当たり前のこと

本当にそうだろうか。例えば民間企業で、社長が交代したときに、新しい社長の言うことを聞くのは当たり前のことであろう。政治家の指示に従うことが役人の仕事である。社長がこう考えているだろうと、社員が忖度するのは当たり前のこと。極端なことをいえば、忖度できないのはできの悪い社員である。

自らの縁戚を局長にするようなことは論外だが、人事はすべて役人自身が決めることなどあり得ない。役人は公益を考えて仕事をする。公益とは、国民が選んだ政治家の政治方針に基づいて忠実に実行するということに尽きる。

小泉総理は郵政民営化を掲げて、多数派（マジョリティ）になった。それなのに、郵政民営化に反対して仕事をしない総務省幹部が2人いた。仕事をしない役人を左遷するのは、当たり前のことである。小泉総理は当たり前のことを行った。

官僚が必要以上の力を発揮しないようにするために

公務員の採用と人材登用を政治主導で行う。採用試験の種類や年功にとらわれずに、能力や実績に応じた処遇を行う。官民の流動性の阻害要因を取り除くことにより、公務員と他の職業との流動性を高める。それが公務員制度改革の基本である。

役人は役人としての分をわきまえて仕事をする。政治が主導権を握って政策を実行する。政治家はきちんとした責任を果たす。官僚が本来の役割を超えて権力を拡大しないようにするためには、政・官の接触制限は必要である。「政務専門官設置」および「政・官の接触禁止」が削除されたことは、かえすがえす残念なことである。

ただし、検察については微妙である。２０２０（令和２）年1月、安倍政権は閣議決定で、東京高検検事長・黒川弘務氏の定年を半年間延長した。黒川氏は検察官の定年の63歳を迎えたときだった。検事総長の定年は65歳であり、黒川氏は次期検事総長の有力候補だった。安倍総理は、国家公務員法の定年延長制を検察官にも適用されるように法解釈を変えたと国会で述べた。これが「政治介入」だとして物議を醸《かも》した。政治と検察の関係は、その後も微妙である。

公務員制度改革は1年以内に実施するはずだった。しかし、実際にこれが施行されたのは2014（平成26）年の第2次安倍内閣のときだった。2008（平成20）年から6年が経過していた。

福田内閣と観光立国基本法

2007（平成19）年9月10日に第168回臨時国会が召集され、安倍首相は所信表明演説を行った。その2日後に代表質問が始まる前に突然、安倍総理は辞任を表明する。当時の官房長官を務めていた塩崎恭久氏も、記者会見の直前まで聞かされていなかったという。

大混乱の中で福田康夫内閣が誕生する。2007（平成19）年夏の参議院議員選挙で自民党が大敗を喫し、参議院で与党が多数を失っていた。衆参の「ねじれ国会」で、福田政権は法案成立に苦労した。

話は前後するが、第1次安倍内閣の2006（平成18）年12月に議員立法により「観光立国基本法」が成立し、2007（平成19）年1月1日から施行された。その4年前、2003（平成15）年の国会で、小泉総理が観光立国宣言を行ったことを受けたものだった。「観光立国基本法」は、21世紀における日本の重要な政策の柱として「観光」を明確に位置づけたもので、現在のインバウンドの政策のもとになっている。

日本では、1963（昭和38）年に「観光基本法」が制定されている。外国人旅行者の訪日促進を政策目標に掲げた最初の取り組みだった。翌1964（昭和39）年には東京オリンピックが開催され、東海道新幹線や高速道路の建設、宿泊施設の整備などが推進され、観光立国への歩みが始まったといわれている。

インバウンドは3000万人を超えた

橋本内閣の1996（平成8）年には「ウェルカムプラン21」（訪日観光交流倍増計画）で、「2005年までに700万人」という数値目標が定められた。その後、2003（平成15）年には、小泉総理が国会での施政方針演説で、「2010年までに訪日外国人旅行者数を1000万人にする」との目標を掲げた。「観光立国宣言」であり、

年別訪日外国人推移

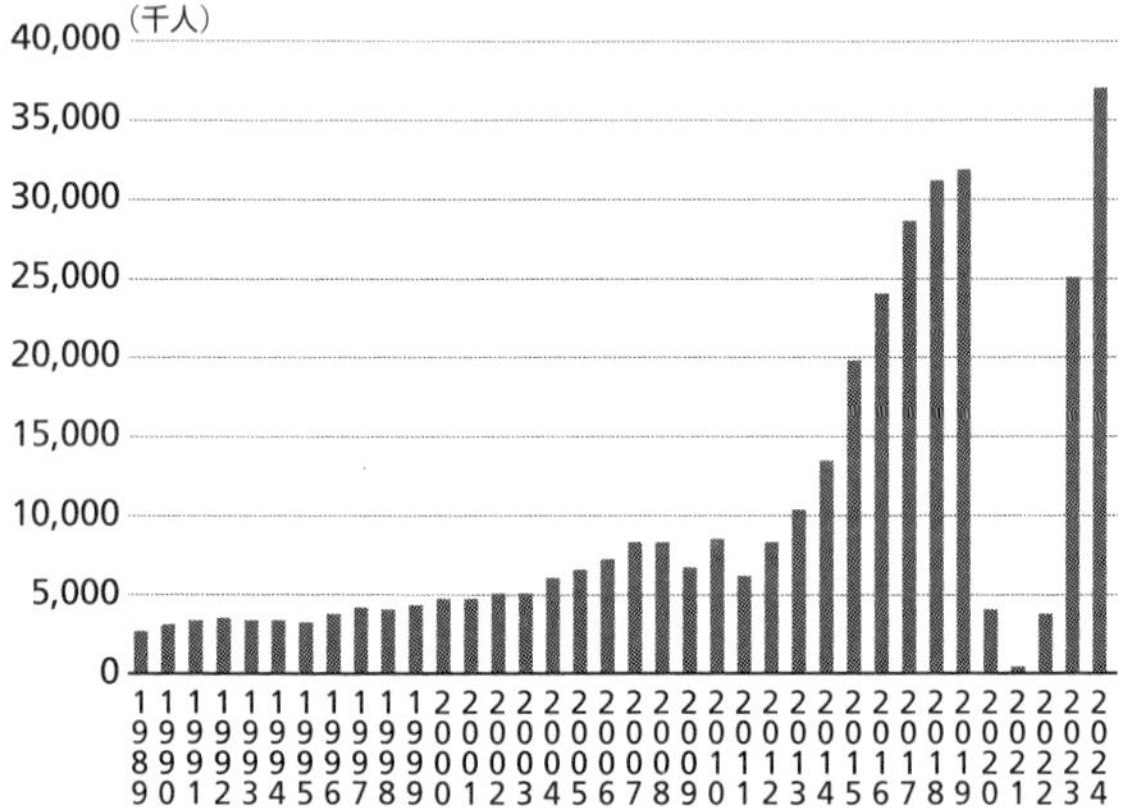

日本政府観光局（JNTO）のデータをもとに作成
https://www.jnto.go.jp/statistics/data/visitors-statistics/

「ビジット・ジャパン・キャンペーン」が開始された。

そのときの官房長官が福田氏だった。経済財政政策担当大臣だった私は、福田官房長官から地方活性化についての相談を受けた。カギは「観光」だと私は答えた。日本で観光に従事している人の割合は約8％しかいなかった。アメリカでは約12％である。

日本の地方には観光資源がある。当時は「地方創生」という言葉は使わなかったが、観光が大事であることを福田官房長官に伝えたという経緯がある。

当時のインバウンド（訪日外国人観光

客）は約５００万人だった。私は「１０００万人にしましょう」と提言し、小泉総理が施政方針演説でこの数字を掲げた。多くの人からは、「１０００万人になんか、なるわけがない」と冷笑された。その後、第２次安倍内閣のときに菅義偉官房長官がビザの規制緩和を行い、京都御所や迎賓館も見学できるようにした。インバウンドは急激に増加した。２０２４（令和６）年には３０００万人を超えた。むしろ、観光公害（オーバーツーリズム）が問題視されるようになっている。

「観光」は日本経済の数少ない明るい要素である。２０２３（令和５）年度の旅行収支は４・２兆円の黒字であり、２０２４（令和６）年度上期（４～９月）の速報値では３兆円を超える黒字だった。一方、２０２３（令和５）年のデジタル関連収支は５・５兆円の赤字だった。それが今の日本をよく表している。

麻生内閣とリーマン・ショック

２００８（平成20）年９月24日、福田内閣が退陣し、麻生太郎内閣が誕生する。福田内閣は３６５日の短命だった。当時、麻生氏は相当高い人気を博していた。麻生政権は、いわば早期に解散するための内閣だった。当初、10月3日の解散を念頭に置いていたといわれている。しかし、ことは思い通りには進まない。9月にリーマン・ショックが起きたのである。

9月15日、アメリカの大手投資銀行リーマン・ブラザーズが経営破綻した。負債総額約6000億ドル（当時の円換算約63兆円）。巨大金融機関の史上最大級の倒産に対して、救済措置がとられることはなかった。市場参加者に不安が広がり、信用収縮が深刻化した。世界的な金融危機と不況に発展した。

10月16日には東京株式市場が大暴落し、解散は先送りされた。麻生内閣は、リーマン・ショックへの対応として大型の補正予算を組んだ。なかでも特徴だったのは「定額給付金」である。新型コロナ禍以降、定額給付金は当たり前のようになっているが、初めての試みだった。

定額給付金については反対意見も多い。そのほとんどが貯蓄に回ったというデータもある。しかし、政策の一つとしての口火を開いたことは確かである。

「次、私やな。総理大臣、誰でもできるで」

麻生政権発足当初の内閣支持率は50・1％だった（『報道ステーション』世論調査）。

福田内閣から麻生内閣に代わったとき、面白い街頭インタビューが放映された。

大阪梅田の駅前で、記者がある中年女性に聞いた。

「今日福田さんが辞めました。安倍さんに続いて福田さんが辞めたということですが、どう思われますか？」

その女性は言った。

「ああ、そう。次、私やな。総理大臣、誰でもできるで」

まさに絶妙の答えだった。

改革のモメンタムが下がる中で、麻生内閣の支持率は急落した。「村山談話をフシュウ」（踏襲）と読んだり、「ミゾウユウ」（未曽有）と言ったりと、漢字の誤読も話題になった。麻生内閣の支持率は25％から15％と低迷し、358日の短命内閣に終わった。

そして2009（平成21）年9月、ついに「政権交代」が実現した。

第八章　日銀の金融政策とアベノミクスの功罪

この章では前章に続き、民主党への政権交代から第2次安倍内閣までの政治と政策の流れを追う。特に政権交代におけるサクセッション（継承）のつまずき、日銀の金融政策の問題点、アベノミクスの功罪なども観察の対象だ。そして筆者が関与した小泉内閣での政策にも言及する。政治主導の政策が模索されながら、その実現がなかなか難しいこと、総理自身のリーダーシップがいかに重要かが、浮かび上がってくる。

民主党政権の誕生から終焉へ

政権交代解散と民主党政権の誕生

２００９（平成21）年７月に衆議院が解散された。鳩山由紀夫民主党代表は「政権交代解散」と呼んだ。８月30日に総選挙が行われ、民主党が３０８議席を獲得して第１党となった。自由民主党は１１９議席の獲得にとどまり、第２党に転落した。政権交代が実現した。

民主党は結成後11年で政権を獲得した。それまでの経緯を振り返ると、１９９３（平成５）年に小沢一郎氏と羽田孜氏が結成した新生党を源流とする。１９９４（平成６）年に、新生党、日本新党などが集った新進党が結成される。ちなみに当時、日本新党に所属していた茂木敏充氏（前自民党幹事長）は、新進党ではなく自民党に加わった。１９９７（平成９）年には新進党が解党して、１９９８（平成10）年に民主党が結成されたのである。

人々は自民党の政策に飽き飽きしていた。そして、民主党に期待した。鳩山首相と小沢幹事長の「小鳩」体制は、強い追い風を受けてスタートした。内閣支持率は72％に達していた。

よくできていた民主党のマニフェスト

民主党政権は日本の政治と経済政策にそれなりに貢献した。一つは「マニフェスト」を定着させたことである。

民主党の「マニフェスト」の中身はよくできていた。例えば、鳩山政権のマニフェストでは注目すべき政策が提案されている。

1つめは、「歳入庁」の創設である。年金保険料の無駄遣い体質を一掃し、年金保険料未納を減らすことを目的として、社会保険庁と国税庁を統合する。税と社会保障制度共通の番号制度の導入も明記されている。

2つめは、非正規も含めたすべての労働者に雇用保険を適用することである。セーフティーネットを強化して、国民の安心感を高めることが目的で、そのための予算を3000億円程度と定めている。

3つめは、「子ども手当」である。中学卒業まで一人当たり31万2000円を支給することと高校の実質無償化などの「子育て・教育支援策」は、「民主党の5つの約束」として掲げられている。

4つめは、農業の「戸別所得補償制度」である。戸別補償による農業保護政策は、すでにEU諸国やアメリカで実施されている。フランスでは農家収入の約8割、アメリカの穀物農家の収入の約5割が政府からの補助金だといわれている。

マニフェストは死語になってしまった

マニフェストを読んで民主党に期待した人は少なくない。私も期待した一人だった。民主党は、マニフェストをうまく使って政権を奪取した。しかし、実績を残すことはできなかった。マニフェスト通りの政策を行うことができなかったのである。

その理由の一つは、民主党の成り立ちにある。民主党は「政権交代」という名のもとに、さまざまな人が集まって結成された。党内ではさまざまな思惑が入り乱れていた。

一般に自民党は中道右派であり、民主党は中道左派だといわれる。しかし実際には、自民党の中にもさまざまな考えの人がいる。一つの決まった明確な路線があるというわけではない。民主党の中はもっとバラバラだった。

小泉純一郎氏は面白いことを言っていた。「マニフェストは野党に有利なんだ。好きなことを書けるから」と。与党は、実際に今行っている政策を否定するようなことを、マニフェストに書くことはなかなかできないからである。

民主党政権の失敗によって、残念ながら、「マニフェスト」はもはや死語になってしまった。

期待外れに終わった民主党政権

結論を先取りすれば、民主党政権は期待外れに終わった。

一つは、未熟な外交である。米軍普天間飛行場の移設問題で、鳩山首相は「最低でも県外」に執着した結果、アメリカの信頼を失った。「県外」に一時沸いた沖縄県民にも見放される形となった。小沢氏の元秘書の政治資金をめぐるスキャンダルで、「小鳩体制」の求心力は一気に低下した。２０１０（平成22）年6月、鳩山由紀夫内閣は退陣した。わずか２６６日の短命政権だった。

もう一つは、震災対応の混乱である。3月11日に発生した東日本大震災では、菅直人政権は東京電力福島第一原発事故の対応に追われた。政府内の指揮命令系統は混乱し、被災者支援や復旧・復興の遅れが指摘された。2011(平成23)年9月、菅内閣は退陣した。452日の短命政権だった。

民主党政権で3人めの野田佳彦内閣は、経済政策で混乱した。消費税増税路線を鮮明にしたため、小沢氏のグループとの党内抗争が再燃した。消費増税法を成立させた野田首相に対して、多くの議員が造反した。離党者が相次ぎ、民主党は溶解状態に陥った。野田内閣は外交面でも混乱した。尖閣諸島国有化をきっかけに、日中関係が悪化したからである。日本維新の会の石原慎太郎代表は、民主党外交を「弱腰」と批判した。

2012(平成24)年12月に行われた衆議院選挙で、民主党は57議席の獲得に終わった。自由民主党は294議席を獲得した。民主党の惨敗だった。野田佳彦政権は482日で終わった。ただその際、野田総理は、自民党に政権を返上することがそのときの日本にとって必要と考え、選挙での敗北を覚悟のうえで解散総選挙に踏み切ったと考えられる。そうした政治家としての決断に対しては、評価する声が多く聞かれる。

政権崩壊の最大の原因は、政治主導の意味のはき違え

民主党政権崩壊の最も大きな原因は、民主党が政治主導の意味をはき違えたことにある。例えば、当時の小沢一郎幹事長は、政務三役ほか100人の政治家を霞が関に送ると豪語した。政務三役とは、各省の大臣・副大臣・政務官のこと。民主党政権下では、事務次官会議に代えて政務三役会議が導入された。

問題は、霞が関に送られた政治家が何をしていたかである。自分で電卓をたたいて、予算を計算していた人もいたという。それは役人にやらせればいいことで、政治主導でもなんでもない。

もう一つの象徴的な事例を紹介しよう。厚生労働大臣に就任した長妻昭氏は、無駄遣いはやめようと言って、公用車ではなくタクシーを使ったという。大臣なのだから、警護のためにも公用車を使うべきだと思う。政治主導をはき違えていた。

堺屋太一氏が当時、面白いことを言った。政治家が車の助手席に乗り、ハンドルは役人に握らせて、「あっち行け、こっち行け、スピードを出せ、落とせ」と言う。これが政治主導だ。しかし民主党は何を勘違いしたのか、自分でハンドルを握って、車を運転

して大混乱した。3人目の野田首相は現実的な人だった。それに懲《こ》りて定期バスに乗り換えた。その定期バスは財務省御用達だった。だから増税を断行した。
言い得て妙である。

民主党の失敗――引き継げる政策はうまく承継すればよい

民主党政権崩壊の教訓として、日本の政治と経済で重要になってくるキーワードは「サクセッション」(承継)である。簡単にいえば、政策を「引き継ぐ」こと。

政権のサクセッションは、イギリスのブレア政権に典型的に表れている。2大政党制のイギリスでは、1979年5月以降約20年間にわたって、保守党政権(マーガレット・サッチャー、ジョン・メージャー)が続いていた。そして、1997年5月に労働党党首トニー・ブレア首相が誕生した。

ブレア首相は、野党時代には厳しい言葉で保守党政権を批判していた。しかしサッチャー政権やメージャー政権で行われた政策を、全否定することはなかった。多少言葉を換えるなど、良い政策はあたかも自分の政策のようにして市場重視政策を引き継いだ。

これが本来あるべき政権サクセッションである。

変えるべきところは変えたほうがいい。しかし、全否定してはいけない。民主党は全否定した。その典型は、政策の司令塔であるべき経済財政諮問会議をなくしたことだ。その代わりにより強力な委員会をつくると言ったが、結局はつくることはできなかった。後知恵になるが、もっと現実的になって、引き継げるものは引き継ぐべきだったのである。

サクセッションをうまく行ったブレア政権は、サッチャー政権に次ぐ10年間の長期政権を築いた。引き継ぎに失敗した民主党政権は、3人の首相合わせてもわずか3年あまりで終わった。

民主党政権の空港コンセッション

民主党政権の政策にも評価すべきものがある。空港のコンセッションである。コンセッションとは、利用料金の徴収を伴う（つまりキャッシュ・フローを生む）公共施設について、公共主体が施設の所有権を有したまま、民間事業者に運営権を設定する方式である。簡単にいえば、国に所有権を残しながら、民間に運営権を売るということである。

コンセッションについての議論は、２００９（平成21）年９月の民主党政権誕生直後から本格化した。当時の国土交通大臣だった前原誠司氏に、私は福田隆之氏を紹介した。後に菅義偉総理の補佐官になる福田氏は、ＰＦＩの専門家として知られていた。

ＰＦＩ（プライベート・ファイナンス・イニシアチブ）とは、民間の資金と経営能力・技術力を活用して、公共施設等の建設・改修や維持管理・運営を行う手法である。１９９０年代前半ごろから、イギリスやオーストラリアなどで広がった。前原国交大臣は大きな興味を持った。「国土交通省成長戦略会議」で「コンセッション」という施策が初めて示された。

その後、２０１１（平成23）年３月11日、コンセッション方式の導入を含むＰＦＩ法の改正が閣議決定された。東日本大震災が起こった日の午前のことだった。「関西国際空港及び大阪国際空港の一体的かつ効率的な設置及び管理に関する法律」（関空・伊丹統合法）もそのときに同時に閣議決定される。そして、２０１１（平成23）年11月30日、改正ＰＦＩ法が全面施行された。

関空黒字化は第2次安倍政権下で実現

ところが、この法律が施行された後に、民主党政権は実行に移すことをしなかった。せっかく良い法律をつくったのに、「宝の持ち腐れ」だった。

2012（平成24）年12月に、第2次安倍内閣が誕生する。私は安倍晋三総理と菅義偉官房長官に、この法律を使うことを提言した。安倍総理はすぐさま同意した。民主党政権の施策を全否定することなく、サクセッションしたのである。賢い選択だった。

2015（平成27）年に但馬空港（兵庫県）でコンセッションが導入されたのを皮切りに、2016（平成28）年には仙台空港と関西・大阪（伊丹）空港で導入された。2024（令和6）年10月現在、全国95空港のうち19空港が空港コンセッション方式で運営されている。私は、成田空港や羽田空港などでも導入すべきだと考えている。

コンセッションは、いわば「資本のリサイクル」である。既存の資本の運営を、もっとうまく使ってくれる人に委託する。

関西国際空港はコンセッションで成功した好例だ。LCC専用ターミナルをつくって利便性を上げた。それまで年間約100億円もの赤字を出していたのが、コロナ前には黒字を出すようになり、法人税を払うことができるようにまでなった。

民主党は政権を担う経験がなかった

繰り返しになるが、民主党は政治主導をはき違えた。マニフェストで良い政策を掲げたにもかかわらず、官僚をうまく使うことができなかった。結果的には、自らその政策を実現しないほうに動いた。なんとももったいない話である。

党内がバラバラだったこと、そして政権を担う経験に乏しかったことが、その原因だった。野党の経験しかなかった政党の悲しさ、というべきかもしれない。

象徴的な話をある人から聞いた。自民党では、総理になった人が自分とは異なった政策理念の持ち主であったとしても、「総理」と呼ぶ。わかりやすい話でいえば、高市早苗氏は石破茂氏のことを、「石破総理」と呼ぶ。しかし民主党では、「菅さん」「鳩山さん」「野田さん」と言っていたという。

国会の運営は難しい。何をするにも期間が限られている。そこで国会対策委員長の役割が重要になる。自民党の国対委員長の部屋には大きなホワイトボードがある。そこに国会審議のスケジュール表が書いてある。

この日に国会が終わる。だから、この法案はその日までに上げる。そのためには、この日に公聴会を開く。以上のような行程が、逆算して、事細かに書かれている。民主党の国対室にはこうした精緻なスケジュール表はなかったという。

政権を獲得した民主党は、自民党の政策を全否定した。

経済財政諮問会議は廃止された。法律で設置が義務づけられているのにもかかわらず、それを問題にすらしなかった。経済財政諮問会議はあくまで調査・審議する場だから、もっと権限の強いものをつくる……その意気込みは決して悪くなかったが、結局は有効な制度・政策を実現できなかった。

民主党政権下の円高と企業の海外移転

1ドル75円32銭の戦後最高値を記録

2011（平成23）年3月11日に東日本大震災が起きて、民主党政権が混乱したこと

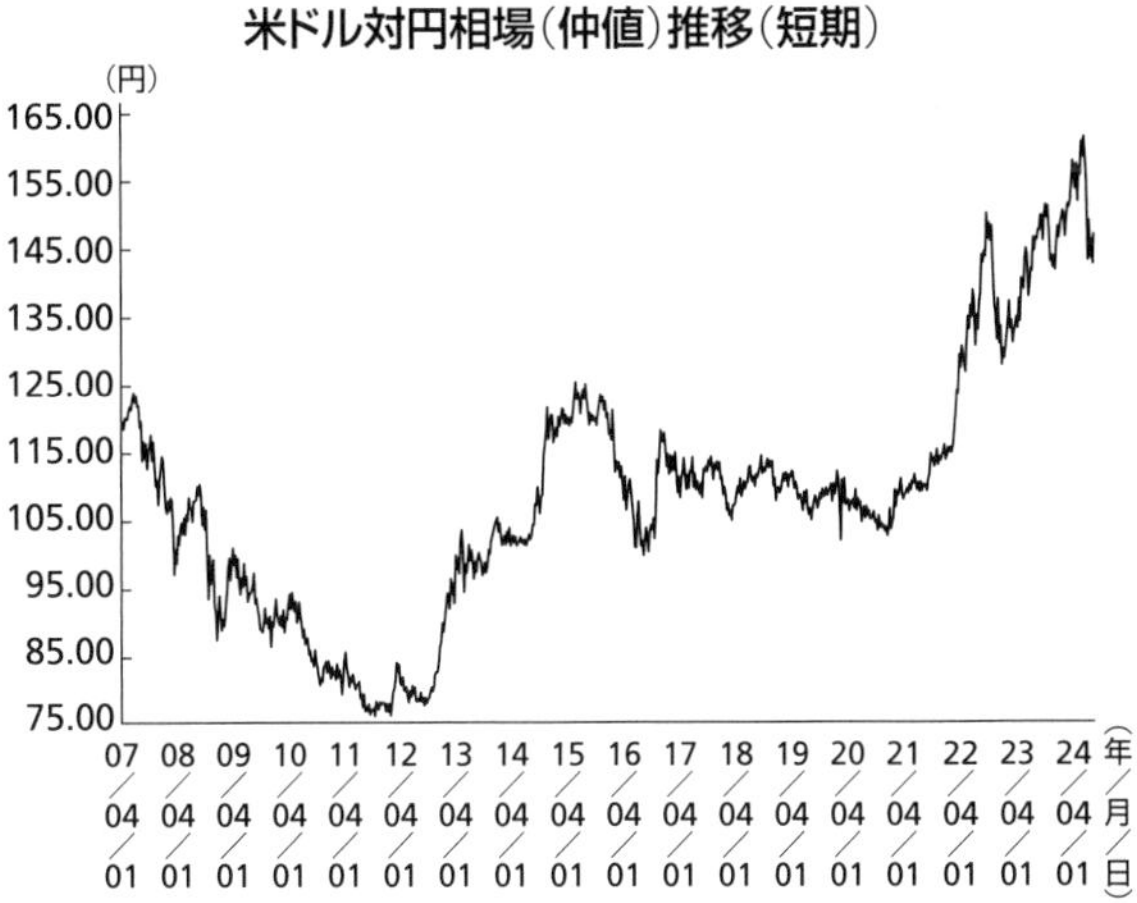

出典：七十七銀行
https://www.77bank.co.jp/kawase/usd_chart.html

はすでにふれた。実は、同じ年にもう一つの大きな問題が起きている。円高である。10月31日に、1ドル75円32銭という戦後最高値を記録したのである。

２００７（平成19）年以降、すでに円高基調にあった。最高値を記録した理由については諸説ある。一つは、東日本大震災後の日本の保険会社の保険金支払いのためという説である。保険会社は海外の資産を売却して円に換えて保険金を支払う。そういうシナリオに沿って投機筋が円を買った。そのために円高に動いた。いかにももっともらしい説だ。しかし保険会社は、海外資産をそれほど売却しなかったという説もある。

もう一つは日本の財政赤字説である。財政赤字を抱えた日本が、アメリカの新規国債への投資を控える。つまりドルを買わなくなる。その結果、円高になったという説である。

無策のまま円高は放置された

いずれの説が正しいかは定かではない。しかし、ここで指摘しておかなければならないことが2つある。一つは、すでに述べてきたように、日本でマクロマネジメントを担うはずの経済財政諮問会議が機能していなかったという事実である。もう一つは、日本銀行が円高を放置したことである。

円高の放置は日本産業の空洞化を招いた。円高に耐えきれなくなった日本企業の海外進出が加速したからである。国際協力銀行（ＪＢＩＣ）によれば、２００９（平成21）年に31％だった日本の海外生産比率は２０１３（平成25）年には35・２％に増加した。海外生産が増えれば、その分日本の産業は空洞化する。

海外生産比率※1および、海外売上高比率※2の推移

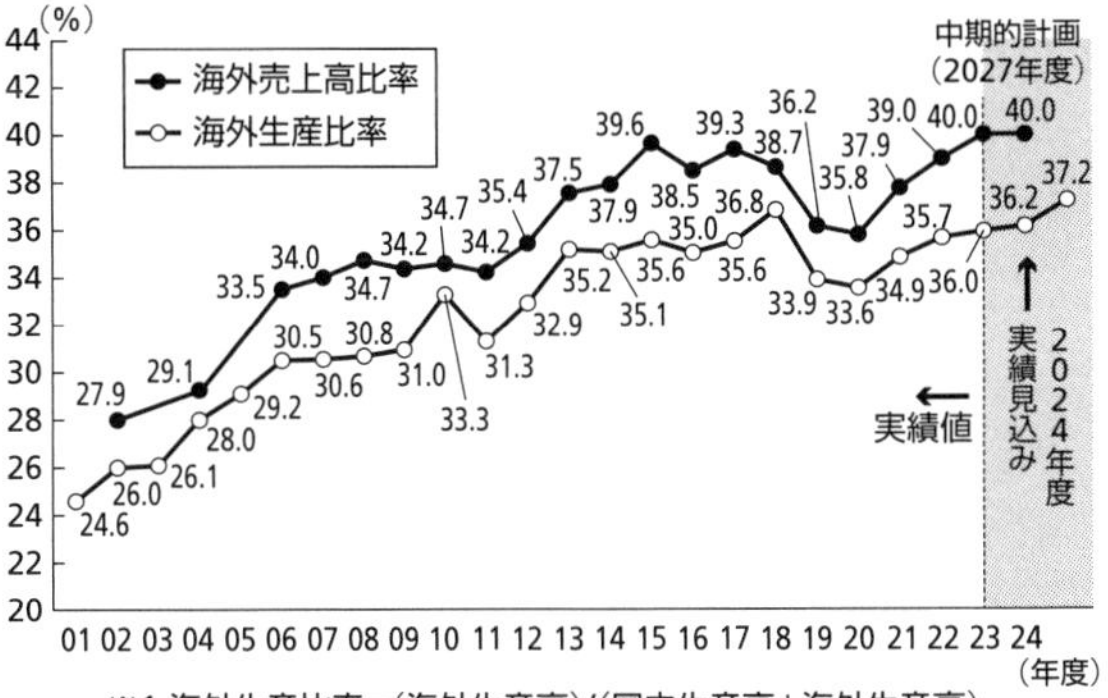

※1 海外生産比率＝（海外生産高）/（国内生産高＋海外生産高）
※2 海外売上高比率＝（海外売上高）/（国内売上高＋海外売上高）
※3 各比率は、回答企業の申告値を単純平均したもの

出典：株式会社国際協力銀行
https://www.jbic.go.jp/ja/information/press/press-2024/image/000009458.pdf

円高が放置された結果、日本の経済は弱体化した。その意味で、残念ながら民主党政権の時代は日本産業が失われ、空洞化が進んだ期間であったともいえる。

日銀の「庭先掃除論」に帰結

日銀がマネーを多く発行すれば、円の価値は下がる。つまり円安になる。しかし、日銀はマネーを増発しようとはしなかった。円高は放置されたのである。

日銀はなぜ円高を放置したのだろうか。答えは、日銀はバランスシートが大きくなることを嫌ったからである。もう少し詳しく説明しよう。

日銀の行動原理は、ある意味単純でわかりやすい。マネーを多く市場に出すということは、市場から何かを買うことを意味する。市場で何を買うのか。普通は国債を買う。日銀が国債を買えば、マネーが市場に出ていく。これで通貨量が増えることになる。

つまり、国債等の資産を買ったり、貸出を増やしたりすると日銀バランスシートの資産が拡大し、その分の金銭が市中に出回るということである。ところが、日銀はバランスシートが大きくなること、つまり財務内容が悪くなることを嫌う。それは財務省が、財政赤字拡大を嫌うのと酷似している。

このような考え方を「庭先掃除論」と呼ぶ。自分の家の庭先だけをきれいにしていたいのである。

円高の結果「失われた30年」

アメリカの元財務長官のローレンス・サマーズ氏は古くからの友人である。私が大臣を辞し、彼も財務長官・ハーバード大学学長を終えたときのことである。来日した彼と朝食を一緒にした。そのときに、当時の日銀理事の一人も同席した。

そのときに私は、日銀がもっとマネーを出すような政策が必要だと言った。日銀の財務内容が悪くなるかもしれないが、それは短期的な日銀だけの経営内容のことに過ぎないからである。

その理事は、「そんなことをしたら日銀のバランスシートが大きくなる」と言った。それを聞いたサマーズは、「So what?」と言った。日銀幹部が目先のことや日銀だけしか見えていないことに驚き、あきれたわけである。

バランスシートの拡大や財政赤字を嫌うのは、日銀や財務省の美学かもしれない。一時的な円高だったときにはそれでいいのかもしれない。

しかし円高を長く放置したために、日本企業の生産基地が海外に移転した。それは、日本経済にとって大きなロスだった。日本経済を「失われた30年」に導いた大きな要素だった。

日本銀行5つの失敗と政治の迷走

4兆円出して、4兆円引っ込める

政治が安定していて、正しいマクロ経済のマネジメントを行うと経済は良くなる。つまり、政策と経済はコインの両面といえる。「政策」を行うのは政府と日銀である。政府が財政政策を担い、日銀が金融政策を担う。日銀の政策判断は、経済に大きな影響を与えるということである。

日本銀行政策委員会審議委員だった原田泰《ゆたか》・名古屋商科大学ビジネススクール教授は、バブル崩壊以降の日銀の金融政策について「5つの失敗」を指摘している。

1995（平成7）年4月19日に1ドル＝79・75円を記録した。1973（昭和48）年の変動相場制導入以来の最高値となったのに、日銀は何ら手を打たなかった。これが第一の「失敗」である。

1997（平成9）年4月には日本の消費税率が引き上げられ、景気が悪化した。同年11月には山一證券が自主廃業するなど金融機関の連鎖倒産が起きた。同年7月にはタイ・バーツの急落に端を発して、アジア通貨危機も起きた。

このような状況下で、日銀は4兆円の特別融資を行っている。これは理解できる。ところが、「特別融資」とはいうものの4兆円分のおカネが市場で増えたわけではなかった。なぜか。増えた4兆円分のおカネを吸収したからである。4兆円出して4兆円引っ込めている。

融資を受けた企業は資金繰りがついたかもしれない。しかし、それ以外の企業にとっては金融引き締めになった。「意図せざる金融引き締め」である。日本の景気は冷え込んだ。これが日銀の金融政策の2つめの失敗である。

ゼロ金利解除と量的緩和解除

3つめの失敗は、2000(平成12)年にゼロ金利を解除したことである。当時、まだデフレは続いていた。ゼロ金利を解除するような時期ではなかった。

さらに2006(平成18)年には、日銀は量的緩和の解除をした。4つめの失敗だった。実は日銀の政策決定会合には、経済財政政策担当大臣がオブザーバーとして出席して、量的緩和解除の延期請求をすることができる。私は当時、経済財政政策担当大臣を外れて総務大臣だった。私が経済財政政策担当大臣であれば、当然のことながら延期請求をしていた。

このときの金融・経済財政政策担当大臣は与謝野馨氏だった。2006（平成18）年に景気は少し持ち直した。だが、消費者物価指数はマイナスのままだった。与謝野氏は量的緩和解除にゴーサインを出し、「デフレ脱却宣言」をしたいと言った。私は絶対反対だった。デフレ脱却などしていなかったからである。小泉総理は言った。「デフレ脱却宣言などしない」。この一言で「デフレ脱却宣言」はなしに終わった。

2008年9月にはリーマンショックが起きて、再び円高になる。リーマンショックのときに各国は競うようにして金融緩和を行い、膨大なマネーを発行した。各国の中央銀行のバランスシートは一気に拡大した。しかし、日銀はほとんど対応しなかった。5つめの失敗である。

1997年の日本銀行法改正

政治との関係では、日銀の独立性をどう考えるかということは重要なテーマである。旧日本銀行法は1942（昭和17）年に戦時立法として制定され、その後、55年の長期にわたって施行されてきた。経済・金融の国際化や市場化が進展して、中央銀行制度が実情に合わなくなってきた。そこで、1997（平成9）年に抜本的な改正が行われ、翌1998（平成10）年から実施されている。

改正の重要なキーワードは「独立性」と「透明性」の向上である。「独立性」とは、金融政策運営を、政府から独立した中央銀行の中立的・専門的な判断に任せること。「透明性」とは、金融政策決定プロセスを明確に示すということ。日銀は、「独立性」と「透明性」を高めて、「物価の安定」と「金融システムの安定」という2つの目的を達成するということである。

改正日銀法の評価すべき点はいくつかある。例えば、旧日銀法では政府に日銀総裁の解任権が与えられていた。しかし、政府と意見が違うことによって日銀総裁を解任できるかどうかは明確にされていなかった。改正後は、政府の解任権は削除された。

もう一つは、政策委員会を金融政策の最高意思決定機関として明確に位置づけたことである。旧日銀法では金融政策を誰が決めるのかが明確ではなかった。１９４９（昭和24）年に日本銀行の最高意思決定機関として「政策委員会」が設置された。しかし、日銀の内部機関か外部機関かが不明確であると指摘されていた。総裁、副総裁、理事で構成された「役員集会」で重要な意思決定が行われているのではないかとの批判もあった。

そこで、「政策委員会」を最高意思決定機関として位置づけて、定数や人員構成を現在のような形にしたのである。

日銀政策委員会の構成

政策委員会のメンバーも大きく代わった。具体的には、旧法下では、総裁と任命委員で政策委員会が構成されていた。任命委員は、大都市銀行、地方銀行、商工業、農業界から１人ずつ選任され、大蔵省１人、経済企画庁１人、計７人で構成されていた。

改正日銀法では、政策委員会は、総裁１人、副総裁２人、審議委員として、「経済または金融に関して高い識見を有する者その他の学識経験のある者より選任」された６人の計９人で構成されている。政府からは、財務大臣と経済財政政策担当大臣、もしくはその代理がオブザーバーとして出席することになった。

ここでもう一つの重要な点を確認しておきたい。日銀の独立性を尊重しながら、どのようにして政府との意思疎通を制度的に確保するかという問題である。

そのための具体的な仕組みとして、政府の代表は必要に応じ金融政策を審議する政策委員会に出席できるとしている。政策委員会で議案を提出することができる。ただし、政府側の委員には議決権は与えられていない。

もう一つは、議決の延期を求めることができることである。先に、「量的緩和解除の延期請求をすることができる」と書いたのはこのことである。ただし、議決を延期するかどうかは政策委員会が決定することになっている。

政策手段の独立性と政策目標の独立性

日本銀行によれば「こうした制度は、中央銀行の独立性を尊重しながら、政府との意思疎通を制度的に確保するため明確かつ透明性の高い仕組みとして取り入れられたもの」である。

まず、「透明性」について。旧日銀法では、議事要旨・議事録公開のルールは定められていなかった。一方、改正日銀法では、議事要旨と議事録の公開、年2回の業務報告書国会提出が定められている。また、国会から求められたときには、日銀総裁等が国会に出席して説明する義務も定められている。

次に、「中央銀行の独立性」については、これまでは曖昧な形で議論がなされてきた。例えば、マスコミは通常日銀に味方して、政府が日銀について発言すると、独立性への干渉だと批判するようなことが多い。

では、独立性とは何か。実は、中央銀行の独立性には2種類あるといわれている。政策手段の独立性と政策目標の独立性である。

政策手段の独立性とは何か。例えば、公定歩合を上げるとか、国債の買い入れを増やすとかというようなことである。これは日銀が独立して決めるべきである。一方、政策目標とは、例えば「2％インフレ目標」を設定するというようなことである。これについては、当然、政府と共有すべきである。政策目標を日銀が勝手に決めていいわけではないからである。政府と日銀で、政策目標が違うことはあり得ない。

政策目標は共有したうえで、どのような政策手段をとるかということに関しては日銀の独立性を認める。これが本来の姿である。

金融政策に必要な専門性と即効性

政策目標が与えられないということは、どういうことか。誰も責任を取らなくていいということである。政府にしても民間企業にしても、目標が達成できないときには誰かが責任を取る。しかし、目標がなければ誰も責任を取らなくていい。日銀は長年、政策目標の独立性の名のもとに責任を取らない稀有な組織だった。

例えば、政治家が「日銀は金融緩和を続けるべきだ」というようなことを言ってはいけない。それは政策手段の独立性を妨げるからである。しかし、「デフレ脱却」という政策目標は共有しなければならない。共有した目標を達成するためにどのような政策手段が必要なのか、は金融の専門家に任せるべきである。

ここで一つの疑問がわいてくる。民主主義の政府の下では、国民の代表である国会ですべての政策を決定すべきではないかという疑問である。予算などの財政政策は国会で決める。それなのになぜ、金融政策は日銀が独立して行うのだろうか。

金融政策を日銀が決定することには2つの理由がある。一つは、金融はテクニカルに難しいということ。したがって、国会ではなく金融や経済の専門家に任せたほうがいい。もう一つは、金融の決定は速やかに行わなければいけないということ。財政は予算案をつくるのに半年かかる。しかし、金融政策を半年も放置すると大変なことになる。

要するに、金融政策には専門性と即効性が欠かせない。したがって金融政策の具体案に関しては、政治は関与することなく専門家の日銀に任せるべきだということである。

「政府・日銀アコード」とアベノミクスの功罪

はしごを外された黒田総裁

政府と日銀は政策目標を共有した。２０１３（平成25）年1月、政府と日銀は共同で「デフレ脱却と持続的な経済成長の実現のための政府・日本銀行の政策連携について」を発表したのである。第2次安倍内閣になってすぐのことで、「政府・日銀アコード」

と呼ばれる。

「政府・日銀アコード」の内容は3つある。1つめは、日銀は2％のインフレ目標を目指して、必要な金融政策を続けること。2つめは、政府は投資機会を増やすような構造改革をすること。3つめは、経済財政諮問会議がそれを監視すること。

「政府・日銀アコード」は実行されたのだろうか。2013（平成25）年3月に就任した黒田東彦《はるひこ》総裁は、2％のインフレ目標を目指して大胆な金融緩和を実施し、継続した。しかし2番めの構造改革は、安倍政権で十分できなかった。そして3番めの経済財政諮問会議も十分機能しなかった。

黒田氏は、2018年に再任されて2023（令和5）年4月に任期満了で退任した。黒田氏の金融政策を批判する人もいる。超低金利を長年続けていれば、その弊害がある程度出てくるのは当然である。しかし、その批判は的外れである。

黒田総裁はいわばはしごを外された状況だった。デフレ克服は政府と日銀が一体になって一気に短期間で解決しなければならない問題なのに、政府の構造改革が十分進まず、経済財政諮問会議も必ずしもうまく機能しなかったからである。

「ブレーク・イーブン・インフレ率」はプラスに

日本は「2％のインフレ目標」を10年間引きずった。ところが、2％には届かなくとも、少なくともマイナスではすでになくなっている。つまり、2％のインフレ目標はともかくも、デフレではなくなった。それは黒田総裁の成果である。

もう一つ指摘しなければならない。それは、2013（平成25）年からの金融緩和によって翌2014（平成26）年には、実はほとんどデフレから脱却していたという事実である。

多少専門的な話になるが、物価動向に合わせて元本が変わる国債がある。物価連動国債（インフレ連動国債）と呼ぶ。満期まで利率は変わらないが、物価の変動に合わせて元本が変動し、受け取る利息が増減する仕組みになっている。2004（平成16）年、小泉内閣のときに「物価連動国債」を発行した。

「物価連動国債」の発行によって、マーケットの期待インフレ率がわかる。これを「ブレーク・イーブン・インフレ率」（BEI）と呼ぶ。BEIは「10年利付国債の流通利回り」から「10年物価連動国債の流通利回り」を差し引いた値で表される。BEIがプ

ブレーク・イーブン・インフレ率（BEI）の推移

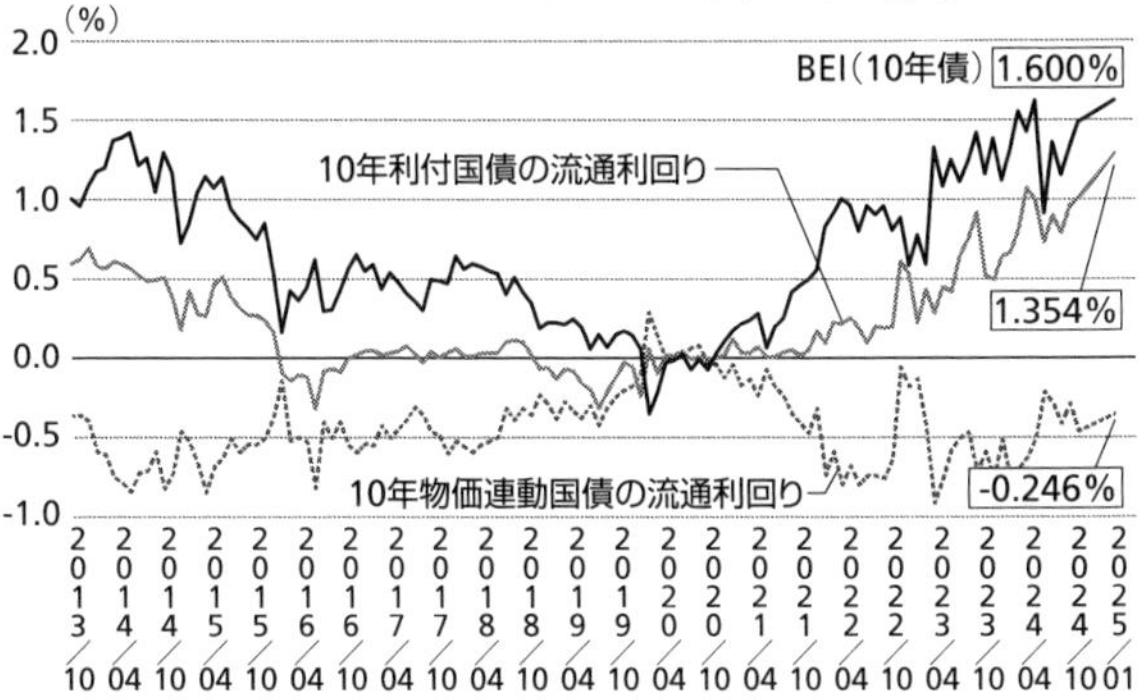

※1 物価連動国債は、元本が物価に連動して増減する国債。11月末時点の発行残高は約12.0兆円。 ※2 BEI（10年債）は、物価連動国債の複利利回りと同じ残存期間の10年利付国債の複利利回りを基に計算。

財務省の資料をもとに作成
https://www.mof.go.jp/jgbs/topics/bond/10year_inflation-indexed/bei.pdf

ラスの場合は物価上昇、マイナスの場合は物価下落を、市場が予想していることを示している。

　BEIの推移を示した上の図からわかるように、2014（平成26）年には、市場は物価上昇を予想していたのである。

モリカケ問題で成長戦略も失速

　ところが、その景気に水を差すような政策が実行される。消費税増税である。1997（平成9）年4月に導入された消費税率（5%）が、2014（平成26）年4月に8%に引き上げられた。消費税増税は、明らかにデフレを促進する政策である。したがって、経済は再びデフレ基調に戻ってしまった。

第2次安倍政権は、「金融緩和」「機動的財政出動」「成長戦略」という「3本の矢」による経済政策を展開した。「アベノミクス」と呼ばれる。アベノミクスの金融政策は正しかった。実際に、ある程度成功している。この点は「アベノミクスの功」の部分である。一方で、デフレを加速するような政策も取ってしまった。それは「アベノミクスの罪」というべきである。

実のところ、安倍総理も菅官房長官も増税には反対だった。しかし民主党政権時代に、自民・公明を含む三党合意で消費税増税が決められていたのだった。

第3の矢、成長戦略はどうだったのか。安倍政権の前半に行われた「国家戦略特区」は猛烈な速さで実現した。私たちが提案したのは2013(平成25)年4月ころだったが、その秋の臨時国会で法律が通ったのである。それまで大型の都市開発は、都市計画審議会をクリアするのに5年から7年かかっていた。しかし、国家戦略特区の枠組みを使うと2年でクリアできるようになった。

国家戦略特区のわかりやすい例は東京である。今東京で、ビル建築のための多くのクレーンが立ち並んでいるが、これは国家戦略特区の活用によるところが大きいことは、すでに紹介した。

ただし、その後は、投資機会を増やして経済活性化するような「成長戦略」を十分に展開することができなかった。そのきっかけは、「モリカケ問題」だった。2016(平成28)年6月から、2017(平成29)年1月にかけて起きたスキャンダルである。

学校法人「森友学園」に大阪府豊中市の国有地が格安で払い下げられたこと、そして、学校法人「加計学園」が獣医学部を新設する「国家戦略特区」の事業者に選定されたことに関して、安倍総理が関係していたのではないかと疑われたのである。

「モリカケ問題」は、連日マスコミで大きく取り上げられた。安倍総理は、大きなリスクにさらされそうになった。そこで取り巻きが、安倍総理を政策の前面に出さないようにした。少なくとも、私にはそう見えた。

安倍長期政権を支えるためだったのかもしれない。しかし、総理が前面に出なければ改革は進まない。残念ながら、安倍政権は前半と後半で、かなり性格の違う内閣になってしまった。

日銀政策委員会メンバーは、「国会同意人事」

政策の世界には、一般の人が「えっ?」と思うようなことがたくさんある。最後に指摘しておきたいことは、日銀の政策委員会の人事に関することである。

総裁、副総裁2人および審議委員6人で構成される9人の政策委員会委員は、「国会同意人事」の対象になっている。つまり、衆議院および参議院の承認を必要とする(日本銀行法第23条第1項)。

簡単にいえば、政府が政策委員会委員の候補者を選定し、衆議院と参議院で審議され、両院で承認されたのち、政府により任命されるということである。

自衛隊と同じように、日銀にもシビリアンコントロールが必要である。財務省や国交省にも、国会というシビリアンコントロールがある。したがって、日銀総裁に関しては「国会同意人事」があってもいいのかもしれない。しかし、それ以外の政策委員会委員までそれが必要かどうかはよくわからない。

政治家に金融を理解することは無理だ

この間、政策委員会委員の人事が国会で否決されるケースが2例あった。

例えば2008（平成20）年には、日銀副総裁だった武藤敏郎氏を総裁に任命するという人事が否決された。武藤氏は、大蔵・財務事務次官として金融システム危機への対応や財政改革などにかかわり、退官後は日銀副総裁を務めた。いわば政策のプロである。にもかかわらず、国会で人事案が否決された。

2007（平成19）年の参院選で自民党が惨敗して参議院過半数を失い、民主党が参議院第1党になって「衆参ねじれ国会」だったからである。野党は、武藤氏が元大蔵・財務官僚であるという点で、総裁就任を拒否した。その結果2008（平成20）年3月20日から4月8日にかけての20日間、日銀総裁の空席が続いた。

2012（平成24）年4月には、BNPパリバ証券の経済調査本部長・チーフエコノミストの河野龍太郎氏を日銀審議委員に起用する国会同意人事案が、野党の反対多数で否決された。投票総数238票、賛成111票、反対127票だった。理由は、金融政策に関するスタンスの違いということだった。

「金融政策」は難しい。だから、専門家に任せたほうがいい。小泉政権のときに参加したダボス会議で、私は講演の冒頭で次のように言った。「金融担当大臣になってよくわかったことがある。それは、政治家に金融を理解することは無理だということだ」。会場のビジネスリーダー達からは、万雷の拍手が起きた。

郵政民営化の実行で学んだこと

「政治はあまりにも重要だから、政治家だけに任せてはおけない」

政治家は、実は「意外」に（というと失礼かもしれないが）実によく勉強している。テレビのワイドショーなどで、評論家が政治家批判をしているのはむしろ滑稽なほどだ。たとえば、地方分権に関する三位一体改革で、補助金をどうするかについて議論したときにも強く実感した。補助金について、実に詳しく知っている。政策専門の学者でも、とてもかなわないほどの知識量だった。

政治家の役割は極めて大きい。だからこそ、自分の利害のことだけではなく、もっと世界情勢を含めて大きなことを考えてほしい。フランスのド・ゴール大統領は、「政治はあまりにも重要だから、政治家だけに任せてはおけない」と述べた。そして、軍人であったド・ゴール将軍は、政治の世界に入った。

先に、取り巻きが安倍総理を政策の前面に出さないようにしているように見えた、と書いた。より正確にいえば、それを振り切るような余力が安倍総理にはなかったということでもある。当時安倍総理は、安全保障政策の面で全力を尽くしたかったのだと思う。総理大臣といえども、360度を敵に回すことはできない。したがって、メリハリが重要になる。それは小泉総理に学んだことだった。

簡単に紹介しよう。

小泉政権では「三位一体の改革」を行った。「三位一体の改革」とは、「地方にできることは地方に」という理念のもとで、国の関与を縮小し、地方の権限・責任を拡大して、地方分権を推進することを目指した改革のことだ。国庫補助負担金改革、税源（と権限）の移譲、地方交付税の見直しの3つを一体として行う改革である。

ここで、「税源移譲」とは、納税者が国へ納める税（国税）を減らし、都道府県や市町村に納める税（地方税）を増やすことで、まさに国から地方へ税源を移すことである。

「三位一体の改革」は一定程度の成果を上げた。「三位一体の改革」がまとまったときのことである。帝国ホテルの日本食レストランに、担当大臣と与党の幹事長などの幹部が集って、小泉総理と食事の席を囲んだ。

「いやぁ、お疲れさん。うまくまとまったね」と小泉総理は喜んで言った。その後のことである。やおら立ち上がって小泉総理は言った。「これから本格的な勝負が始まる。自民党は、大変な男を総理大臣にしてしまった。覚悟しておくように」。郵政民営化を断行するという宣言だった。

三位一体の改革のときには、党や官僚を前面に立て、総理自身はほとんど口を出さなかった。しかし郵政民営化については、総理が前面に立った。メリハリをつけて重要政策を断行する、際立った指導者だった。

あなたは最初で最後の公社総裁

メリハリと同様に政治にとって重要なのは、政策の順序である。郵政民営化のときには、先に不良債権処理を行った。

改革には2種類ある。「リアクティブ」な改革と「プロアクティブ」な改革である。「リアクティブ」とは、受け身の改革だ。不良債権はないほうがいいに決まっている。しかし、現実に不良債権問題が起きている以上、これを処理しなければならない。

つまり、不良債権処理は「リアクティブな改革」である。これを行って経済をある程度安定化させる。そこで、郵政民営化という「プロアクティブ」な攻めの改革を行った。もし、これを逆に行ったとしたら、両方の改革は失敗に終わったと思う。

不良債権処理を行い、株価が上がり始めたときのことである。小泉総理から、政府の関係の仕事をしている民間人を集めて食事をしようと誘われた。2005（平成17）年のことだった。日銀の福井俊彦総裁、日本郵政公社の生田正治総裁、国民金融公庫の水口弘一総裁、そして民間人大臣である私が赤坂プリンスホテルの一室に集まった。

そのときに小泉総理は生田氏に言った。「生田さん、あなたは最初で最後の公社総裁だ」と。

日本郵政公社は、郵便、貯金、保険などの郵政事業を管轄する国営公社として2003（平成15）年4月1日に発足している。初代総裁は生田氏だった。任期は4年、20

07年までだった。つまり2007年に郵政民営化を実現する、という宣言だった。現実に2007（平成19）年10月に、日本郵政公社は民営化され、生田氏は最初で最後の公社総裁となった。

一般的に、基本方針を立て法律をつくるまでに最低でも2年はかかる。小泉総理はそれを計算し、2005年の会合でこれから勝負に出るという宣言を行ったのだった。いよいよ郵政民営化が始まる。私はそう思った。

大きな政策には細かい反対が必ず出る

大きな政策を実行しようとすると、必ずといっていいほど、細かいところで反対が出る。例えば、国営だった郵便局を民営化する。そうすると、今までは地域のおばあちゃんが、郵便貯金しておいてほしいと言って公務員である郵便局員に通帳とお金を託していたのに、公務員でなくなると安心してそれができなくなるのではないか。また、国営の郵便局の車は一方通行の道でも通って、郵便ポストの郵便物を回収できたのに、それができなくなるのではないか。そういった類いの細かい反対が出るのである。

そういう反対が出たときにはどうしたらよいか。それにいちいち反応しないことである。そういう細かい話はすべて後でやりましょう、まずは基本方針を決めましょう、と言うのである。

2005年に、小泉総理が郵政民営化をやると宣言したときのことである。私は、えらいことになったと思った。そこで、ある日曜日の朝、NHKの番組に出た後、秘書官と一緒に慶應義塾大学三田キャンパスを久しぶりに訪れた。郵政民営化をどう実現させるか、を考えるためだった。

政治とは、基本で間違わないこと

中庭のベンチで缶コーヒーか何かを飲みながら、「デシジョンツリー分析」を使って考えてみた。郵政民営化には、膨大な要素が絡まってくる。それを樹形図の形に整理してみたのである。

郵政民営化をするか、しないか。民営化する場合に地域分割するか、しないか。金融と郵便を分けるか、分けないか。この意思決定を5回行うと、2の5乗で32通りの改革案ができる。10回行うと1024通りのプランができる。そのプランすべてを検討することなど、不可能に近いことがわかる。

郵政民営化のベストのプランを実施したいが、多くの反対が出ることは容易に想像できた。しかし、50点の改革では困る。85点から90点の改革案でありたい。そのためにはどうしたらいいだろうか。

答えが出た。基本で間違わないということだった。政治である以上、細かいところでは少々妥協しても仕方がない。しかし、基本で間違ったら元も子もなくなる。

そこで当初は、細かいことを一切議論せずに、基本方針だけを議論することにした。後に細かい話が出たときには、「基本方針でこう決まっている」と答え、何らかの妥協点を見出すことができるのである。

2005年の道路公団民営化の教訓

郵政民営化では、もう一つのポイントがあった。それは、事務局をどうするかということだった。

実は、郵政民営化の2年前に道路公団民営化が行われた。2004(平成16)年3月、第2次小泉内閣は、多額の有利子債務を抱えていた道路公団を分割・民営化する「道路関係四公団民営化関係四法案」を閣議決定した。

2005(平成17)年10月1日に、首都高速道路株式会社や中日本高速道路株式会社など6つの高速道路株式会社などが設立され、4つの公団(日本道路公団・首都高速道路公団・阪神高速道路公団・本州四国連絡橋公団)は廃止された。

道路公団民営化については、賛否両論の評価がある。過剰な債務返済が行われたとの評価がある一方で、民営化したものの政府や国交省の経営介入が続いていることや、政府の高速道路料金負担軽減策が続いているとの批判もある。また。道路公団改革の目的の一つが「無駄な道路を造らない」ことだったにもかかわらず、現実には新直轄方式で多数の高規格道路が建設・開業されている。

道路公団が民営化された後も政府の介入が見られるのには理由がある。それは、内閣府に設置された「道路関係四公団民営化推進委員会」の事務局が、国土交通省だったことである。そもそも、国土交通省は道路公団民営化を強硬に反対していた。その役所が事務局を担当すればどういうことになるか。火を見るよりも明らかである。民営化法案は徐々に骨抜きにされていった。このため民間人として関与した猪瀬直樹氏（現参議院議員）は、大いに苦労されたのである。

郵政民営化に際しては、道路公団民営化を反面教師にした。通常であれば、郵政を担当する総務省に事務局を任せることになってしまう。そこで、小泉総理に総理直属の事務局をつくるようお願いした。内閣官房に事務局（郵政民営化推進本部）が設置された。事務局には、信頼できる役人に入ってもらった。

2007（平成19）年10月1日に日本郵政公社が株式会社化され、日本郵政グループが発足した。

デジタル・AIと「新・政策新人類」

これまで、日本の政策決定を考えるにあたって踏まえなければならない、厄介で複雑な政治プロセスを議論してきた。生成AIがすさまじい速度で進化し、我々の生き方、そして社会全体の制度を揺るがしている中で、現状の政治がこのままで良いのか、当然疑問が湧く。一般に言われるような政治改革とは違うスケールの大きさで、日本政治も進化する必要がある。実は興味深いことに、このデジタル分野・AI関連分野で、政策決定のプロセスが微妙に変化しつつある。

従来の政策は、一言で言うと官僚（霞が関）が政策の根本を立案し、永田町（政治）がそれを微修正する、というパターンが主流だった。そしてともすれば政治の圧力で、元の政策に批判と注文がつき、改悪されることも稀ではなかった。もちろん橋本行革以降は、総理官邸を中心に政治主導の政策（小泉内閣の郵政民営化、第二次安倍内閣の安全保障政策など）も見られたが、主流は依然として官僚主導のものが多かった。

しかし、ことデジタルとAIに関連する政策については、与党自民党が霞が関より時代を先取りするような形で、制度・政策議論を進めている。かつて1998年当時の金融改革にあたっては、当時中堅の安倍晋三氏や塩崎恭久氏らが議論をリードし「政策新人類」と言われた。

経済と政策を深く理解する政治家は、以前は稀な存在だったということが含意されている。その意味で今、デジタル・AI議論を先導している政治家（平将明氏や平井卓也氏ら）は、「新・政策新人類」と言うべきなのかもしれない。

具体的に、自民党のデジタル社会推進本部を舞台にさまざまな提言がされ、それが政府の骨太方針に反映されるようになっている。2023年には国と地方がクラウド上の共通のシステム基盤「ガバメントクラウド」を活用することが提言された。

2024年には、データの保護と利活用の両立に向けた「プロセス指向のデータ戦略」が提言されている。さらには推進本部の下に、WEB3プロジェクトチーム、AIの進化と実装に関するプロジェクトチームを設け、積極的な提言を続けている。

ビッグデータとAIに象徴される第4次産業革命、米中対立やウクライナ・中東の紛争などで、世界の秩序に根本的な変化が生じている。

日本も制度を大きく変え、また全く新しい制度をつくっていかねばならない。くり返しになるが官僚主導ではなく、真の政治リーダーシップが不可欠だ。AI時代に相応しい新・政策新人類が出てくる必然が、そこにあると言えるだろう。

あとがき

２０２５年1月20日から、今年もダボス会議が開かれた。毎年同じ時期に、同じ場所で世界の経済リーダー２５００人が集まるこの会議の流れを見ると、世界経済がどのように動いているのか、定点観測ができる。今年の会議はＡＩとトランプ大統領の話題が大宗を占めたが、そうした中で日本に対する期待も極めて大きいものがあった。

アセモグル教授の指摘も踏まえ日本は今、きちんとした制度・規制改革を行うことによって、追い風というチャンスを活かすことができるはずだ。

しかしながら現実の政治は当面の対症療法に追われ、ジャーナリズムやメディアもこうした流れを煽《あお》るような風潮となっている。重要なのは、政治、政策、経済の有機的な関係を国民一人ひとりが考え、対応するということだろう。

ＳＮＳを中心に、特定の政治家、省庁、組織や個人を罵《ののし》ったり、単純な陰謀説を唱えたりすることで「いいね」を求める姿が目立つ。

政治、政策決定、そして政策は、残念ながら複雑なものであるという「リアリズム」を踏まえる必要があるのだ。くり返すが、今の追い風を活かさず制度・規制改革を怠れば、その先の日本経済は極めて厳しい状況を迎えるだろう。

この本では前半で日本経済に吹く追い風、それを阻む壁について述べた。

そして後半では、現実の政策は極めて複雑なプロセスで決定されることを示した。またバブル崩壊後の政治経済の具体的な流れを振り返る中で、政治・政策・経済の有機的な動きを解説した。

日本に追い風が吹く今、本書が日本経済を良くするためのささやかな貢献になれば幸いである。

著者略歴

竹中平蔵《たけなかへいぞう》

ハーバード大学客員准教授、慶應義塾大学総合政策学部教授などを経て、二〇〇一年小泉内閣で経済財政政策担当大臣を皮切りに、金融担当大臣、郵政民営化担当大臣兼務、総務大臣を歴任。

二〇〇六年より慶應義塾大学教授、アカデミーヒルズ理事長など。

現在、慶應義塾大学名誉教授、世界経済フォーラム（ダボス会議）理事。博士（経済学）。

著書は、『構造改革の真実　竹中平蔵大臣日誌』（日本経済新聞出版社）、『研究開発と設備投資の経済学』（サントリー学芸賞受賞、東洋経済新報社）など多数。

幻冬舎新書 764

日本経済に追い風が吹く

二〇二五年四月二十五日 第一刷発行

著者 竹中平蔵
発行人 見城 徹
編集人 小木田順子
編集者 福島広司 宮崎貴明
発行所 株式会社 幻冬舎
〒一五一-〇〇五一 東京都渋谷区千駄ヶ谷四-九-七
電話 〇三-五四一一-六二一一(編集)
〇三-五四一一-六二二二(営業)
公式HP https://www.gentosha.co.jp/
ブックデザイン 鈴木成一デザイン室
印刷・製本所 中央精版印刷株式会社

GENTOSHA

Printed in Japan ISBN978-4-344-98767-8 C0295
た-27-1

*この本に関するご意見・ご感想は、左記アンケートフォームからお寄せください。
https://www.gentosha.co.jp/e/